かんたん可愛い

もめんの着物

コーディネートとお出かけ案内

リヨン社

プロローグ

もめんの着物はこんな人にオススメ

着物は、

高そうで手が出ない。
お手入れがたいへんそう。
やわらかものはすべって着付けが難しい。
アンティークやリサイクルじゃサイズが合わない。
単衣《ひとえ》と袷《あわせ》、両方は持てない。
コーディネートがわからない。
……でも、着物が好き。着物を着てみたい。

そんな、着物を着てみたいのに、いっぱい心配事がある人にぜひ、
もめんの着物をオススメします！

私がもめんの着物を好きな理由

「着物を日常に着る人は、最後はもめんの着物に行き着く」なんて話を聞きます。
お下がりの絹ものばかり着ていた私も、あるときもめんの着物に出合い、
すっかり、そのかんたん気軽で可愛いもめんのトリコになりました。

その魅力とは——

まず、おうちでお洗濯ができるので、コットンの洋服と同じ感覚で着られます。
突然の雨でも、お洗濯できるもめんなら多少ぬれたって平気。
お天気の悪い日も安心です。
基本は単《ひとえ》仕《じ》立《た》てで、生地の質感や厚さなどもいろいろあるので、
単衣の時期も袷の時期も関係なく着られます。
絹ものやポリエステルの着物のように滑らず、
着崩れもしにくいので、着付けが苦手という方にもオススメ。
また、もめんの着物といえば、
昔からの産地で織られているものと洋服生地のものがありますが、

産地のもめんは縞《しま》や格子《こうし》が多いので、
ビギナーの方でも帯で遊ぶという着物のコーディネートを楽しめます。
そして、洋服生地のもめんは
洋生地ならではのちょっとお茶目で可愛い柄がたくさん。
2～3万円台から誂《あつら》えられ、
プレタ（仕立て上がり）なら1万円代前半からと、お値段も可愛い。
特に私が好きなのは、着れば着るほどやわらかく、
ほっこりとした天然素材らしい味わいが出てくるところです。

もめんの着物、始めませんか？

洋服なら、シルクよりコットンのほうがずっと身近ではないでしょうか？
なのに、着物となるとなぜ絹なのでしょう。
「着物にも、もめんはあるのよ」と言うと、とても驚かれます。
そんなとき、着物はやっぱり晴れ着なんだな……と少し悲しくなります。
洋服でもシルクといえば、ちょっとかしこまった場所に着ていきます。

とはいえ、そんなに頻繁に特別な日があるわけではありません。
それは着物だって同じこと。結局、
「着物は好きだけど、着ていくところがありません」ということになってしまいます。
それに、絹ものは高価だから汚したらたいへん！
着るたびに「汚したらどうしよう…」なんてドキドキしながら過ごすのは
疲れてしまうし、お出かけしても楽しめません。

着物を始めるなら、ビギナーに優しいもめんの着物から。
もめんなら季節を選びません。
思い立ったその日から、もめんの着物を始めませんか？

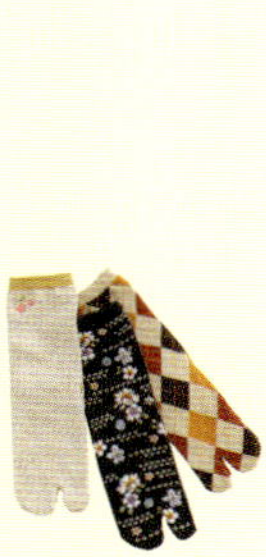

もめんの着物でお出かけしよう！

もめんの着物は日常着といわれます。
ということは、おうちで着るものなの？　そんな疑問を持つ方もいるでしょう。
着物は決まりごとが多いからと、着物上級者でも
もめんの着物でどこまで行っていいのか、迷う方は多いようです。

仕事や学校や家のことに忙しく、時間に追われる毎日。
いくらもめんの着物は日常着だからって、おうちで着物を着ましょうなんて、
かえってハードルが高くなりますよね。
それにせっかく着物を着たのに、どこにも行かないなんてもったいない。
ぜひ、週末やお休みの日のお出かけ着として、もめんの着物を着てみてほしいな、
と私は思うのです。
特別な晴れの日ではなく、日常のおしゃれとしての着物です。

この本に登場する着物は、すべてもめんです。
「この場所にはこの着物で」と難しく考えず、
たくさんあるもめんのバリエーションや、
お出かけする場所のイメージに合わせて選んだコーディネートを
楽しんでいただいて、もめんの着物でだって、
いろんなところへお出かけできることを知っていただけたらと思います。

さぁ、もめんの着物でお出かけしましょう！

君野　倫子

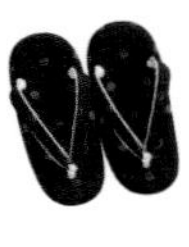

目次

2章 もめんの着物でてくてくお散歩

3章 もめんに合わせる可愛い小物

＊文章末にある（　）内は商品をお借りしたお店です。（　）がないものは著者私物です。
＊本文中の情報・データはすべて２００９年2月現在のものです。

1章

もめんの着物でお出かけしよう！

お花見、骨董市、歌舞伎…もめんの着物でいろんなところへ出かけてみました。気取らずどんどん歩けるのに、どこに行ってもサマになる――これぞ、もめん着物の醍醐味。

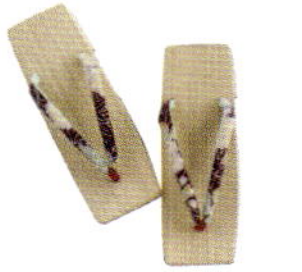

Scene 1

お花見

お花見は、花を愛でるという昔からの遊びのひとつです。

お花見は、春の桜に限るものではありません。春ならほかにつつじ、バラ、藤、花菖蒲、ぼたん、梅雨時なら紫陽花《あじさい》、夏にはひまわり、秋には紅葉狩り、菊、萩、コスモス、冬の椿、梅……。

さあ、着物でお花見に出かけましょう。季節の移り変わりを、より身近に感じることができるはずです。

東京都立神代《じんだい》植物公園

春夏秋冬いつ行っても楽しい、花と緑のオアシス。
東京都調布市深大寺元町5-31-10
☎042-483-2300
交：JR三鷹駅・吉祥寺駅、京王線つつじヶ丘駅・調布駅からバス／開：9:30～17:00（入園は16:00まで）／休：月曜（祝日の場合は翌日）、年末年始／料：大人500円
http://www.kensetsu.metro.tokyo.jp/seibuk/jindai/

原っぱ

着物でだって思いきり走りだしたくなってしまう原っぱ！　空が広くて、ピクニックにはもってこいです。

春バラ

春の青空の下、咲き乱れるバラの花。あたりはバラの香りが漂います。着物乙女には、ぜひバラにうもれて鑑賞してほしいです。見頃は5月中旬～7月下旬。（写真提供：神代植物公園）

紅葉

しっとりと色づく紅葉の下を歩くと、秋を感じます。自然の色の美しさに圧倒されながら、こんな色の帯が素敵…と思ってしまいます。

ベゴニア（温室）

色鮮やかで大きな花びらがきれいなベゴニアは、温室で丁寧に育てられているので、1年中お花が楽しめます。

秋バラ

春から夏に向かう勢いのある春バラとは違い、秋の気配を感じる空気の中に咲くバラは、愁いと味わいがあります。見頃は10月中旬～11月下旬。

乙女ちっくに
お花見コーデ

Coordinate 1

紬《つむぎ》風の手触りのよい洋生地の着物に、キュートな立体の花びらがついた帯。帯はキモノ・モダンのオリジナル3部式作り帯。お花見では本物の花が主役だから、着物や帯では花の柄は特化せず、それでもお花見に行くときのウキウキ感は感じられる乙女なコーデにしてみました。山ぶどうのかご、畳表《たたみおもて》の下駄を合わせて軽やかに。

着物・帯（キモノ・モダン）／かご（かごや）／下駄（つゆくさ）

Coordinate 2

ピンクの細かいチェックの伊勢木綿は、合わせる帯によって乙女にも、ポップにもコーディネートできる便利な一枚。綿の洋生地の名古屋帯は、花の間を舞う蝶々の模様。

着物・帯（居内商店）／帯揚げ・帯締め（街着屋）

イラストレーターであり陶芸家でもある皆見伊津子さんの作品、フェルトの梅柄のお財布。見る花に合わせて、季節の小物をあしらえるのが着物の楽しさ。

着物や帯で主張しない分、さりげなく帯留めでお花のモチーフを入れるのが素敵。（珊瑚職人館－土佐）

Coordinate 3

深い紫に絣《かすり》で描かれた花柄の久留米絣に、シンプルな博多織の小巾袋帯で。落ち着いた色でも、着てみるとぱっと花が広がって女の子らしい雰囲気です。

着物・帯・帯揚げ・帯締め（awai）

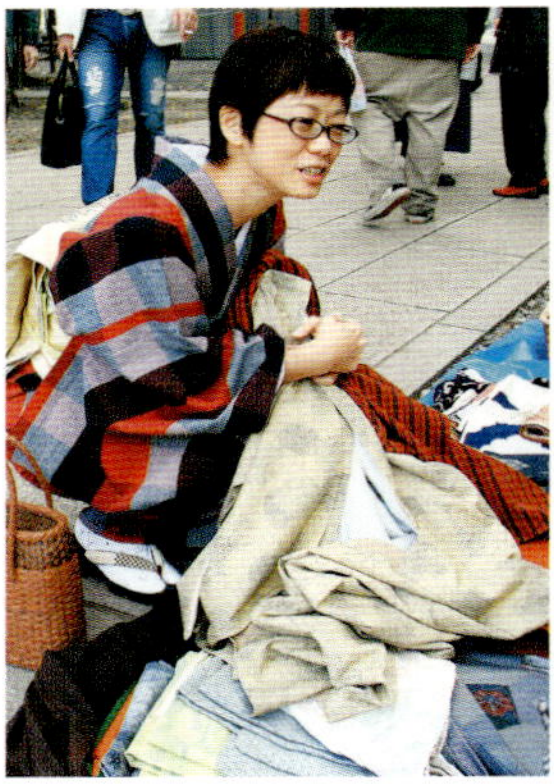

青空の下、ずらりと並んだ着物や帯の色がきれい。状態のよいものばかりではないけれど、その中から宝探しのように掘り出しものに出合えたときの喜びはたまりません。この日出合ってしまったのは、粋な縞とちょっと変わった型染めの紬。ちょっとお安くしてくれて、2枚で8000円でした。

Scene 2

骨董市

安くて品数もたくさんあって、おもしろいものが見つかる骨董市。お店の人とのおしゃべりもなかなか楽しいものです。

着物や帯は、晴れの日用から普段着まで、あらゆる年代向けのものがそろっています。ただ安いだけでなく、袖や裾にちょっと工夫があったり、その時代に流行した色柄が見られたりと、〝生活〟を感じられるのも楽しさのひとつです。

骨董市は神社の境内で行われることが多く、商品を見るときに、しゃがみこんだり袖を擦《す》ったりするので、汚れを気にしなくてすむもめんの着物がオススメです。

着物以外にも古いポスター、カタログ、ぬりえなどの紙もの、帯留め、ネックレスなどのアクセサリー、飲みものや薬用の瓶もの、扇子、人形、古道具などなど、見ているだけでもわくわくします。

花園神社・青空骨董市

行事のある日を除く毎週日曜日、日の出から日没まで開催（雨天中止）。駐車場はありません。
東京都新宿区新宿5-17-3
☎ 03-3209-5265
交：JR新宿駅徒歩7分・地下鉄新宿3丁目駅徒歩3分
http://www.hanazono-jinja.or.jp

骨董市で着物を買うときのポイント

◎サイズが書かれていないことが多いので、メジャーを持っていくか、裄《ゆき》（p83参照）の長さのリボンなどを切って持っていくとよいでしょう。

◎特に裾、袖口、衿、上前《うわまえ》（上側になる身頃の部分）の擦れや汚れは要チェック！

◎古い着物は縫い糸が弱っていることもあるので、特にお尻のあたりの縫い目をチェックしましょう。

活動的に！

骨董市コーデ

Coordinate 1

赤と黒の大きなチェックの伊勢木綿の着物に、猫柄のつづれ帯。骨董市はぐるぐる歩き回るので、動きやすくて活動的なコーデに。大きなチェックは元気な印象を与えてくれます。外で催されるため、肌寒い季節にはコットンレースの羽織を。

着物・帯・羽織（居内商店）／草履（つゆくさ）

Coordinate 2

重めのしっかりしたデニムは、落ち着いた色のストライプ。帯は、昔の柄を復刻して作ったUFO帯。紅色の帯揚げと帯締めを入れることで、すっきりと引き締まります。

着物・帯（居内商店）／帯揚げ（街着屋）

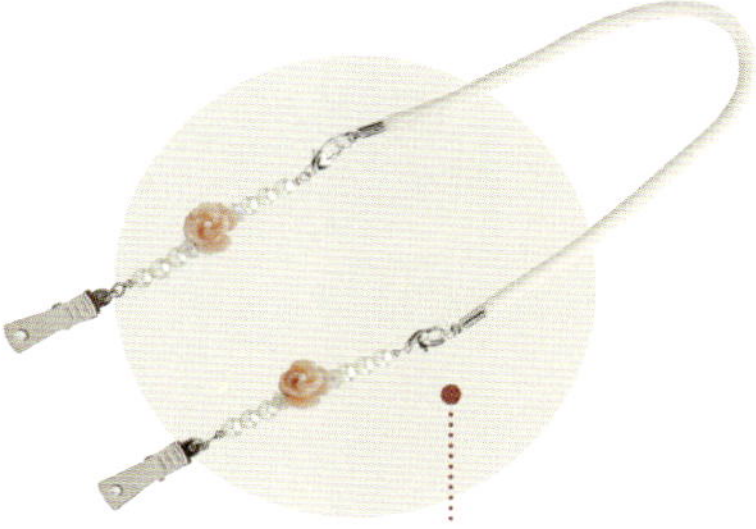

いろんなものを手に取ったりするとき、袖が擦らないように袂《たもと》留めを使うと便利。（しぇんま屋）

衿元のファーが暖かく、ふんわり軽い冬コート。コートは、こってり和風じゃないほうが素敵です。（居内商店）

Coordinate 3

遠くから見ると唐草と水玉？　近くで見るとコーヒーカップと湯気という、楽しい洋生地の着物。帯は、花柄と水玉のリバーシブルの名古屋帯。

着物（浅草きもの市）／帯（居内商店）

登録有形文化財の歌舞伎座は、華やかな趣があります。

歌舞伎座の敷地内にある歌舞伎稲荷神社。劇場入って上手の売店脇の喫煙スペース奥から外に出たところにあり、誰でもお参りできます。

正面入口左側にある「一幕見席」のチケット売り場。通常、昼の部、夜の部それぞれ上演される3〜4演目のうち1演目（1幕）を1000円前後くらいで観ることができます。

歌舞伎の楽しみのひとつ、売店チェック！　甘味、和小物、手ぬぐい、根付けなどの和雑貨、お土産ものが充実しています。

歌舞伎座の名物といえば、モナカアイス。いつも人気で、休憩時間にはたくさんの人が並びます。

Scene 3

歌舞伎

着物好きなら、一度は着物で歌舞伎を観に行ってみたいと思うもの。でも、なかなか気後れしてしまって…という方も多いようです。

歌舞伎座の1階席は着物上級者が多くてちょっと気が引けるけれど、3階席や幕見なら、もめんの着物でもよいのではないでしょうか。歌舞伎には、同じもめんでも、落ち着いた無地系の着物を選ぶと上品になります。

歌舞伎座

東京都中央区銀座4-12-15
☎03-3541-3131
交：地下鉄東銀座駅すぐ
http://www.kabuki-za.co.jp/

しっとり きちんと

歌舞伎コーデ

Coordinate 1

先染めの絣模様にかすみ縞の型染めをのせた久留米絣。とてももめんとは思えない、奥行きのある上品さ。小花が並んだ博多織の帯で優しさをプラスしています。色数も抑えて、すっきりと着ることで、きちんと感が出ます。

着物・帯（awai）／草履・手ぬぐい（karokaro）

Coordinate 2

落ち着いた色の組み合わせの、縞の伊勢木綿。地味になりがちな色なので、帯はくっきり柄が浮かび上がるモダンなバラのつづれ帯。きちんと粋に。

着物・帯（居内商店）／帯揚げ（街着屋）

いつから「はこせこ」は子どもが持つものになってしまったのでしょう。大人のおしゃれ小物として、胸もとからのぞかせてみませんか？（つゆくさ）

「苺錦《いちごにしき》」という可愛い名前の柄のトート。ふっくらとした形で、しかもきちんと感も出る優秀バッグ。（菱屋カレンブロッソ）

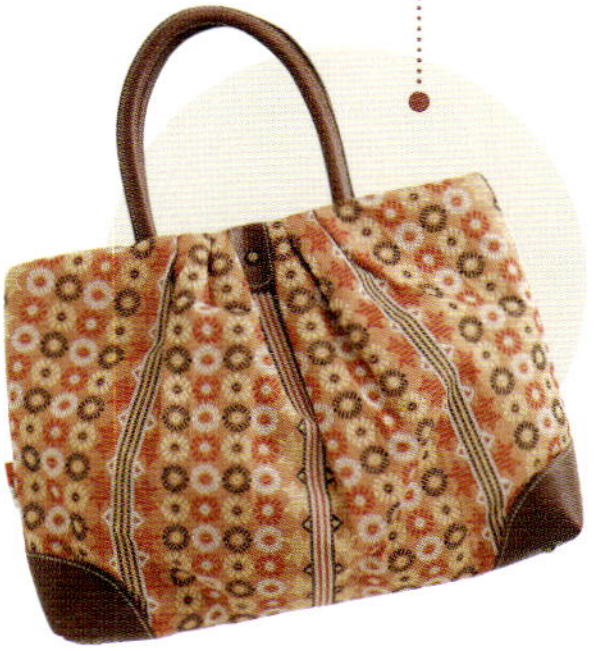

Coordinate 3

古典的なあられ柄で素朴な印象の久留米絣に、あられ縞の八寸帯。サーモンピンクの帯揚げをやわらかいさし色に。

着物・帯・帯締め・帯揚げ（awai）

Scene 4

プチパーティ

着物でお出かけする場所がなくて…という声をよく聞きますが、なければ作りましょう。週末、仲良しのお友達と誘い合わせ、おうちで、カフェで、レストランやバーで、着物でプチパーティはいかがでしょう。

気軽な集まりには、お互いの負担にならないようにカジュアルが一番。ジーンズ感覚でもめんの着物を楽しんでください。

ココットカフェ

心地よくて、ついつい長居してしまうカフェ。
東京都新宿区津久戸町3-12
☎03-3269-2609
交：JR・地下鉄飯田橋駅徒歩7分／営：12:30～20:00（土日は～18:00）／休：月・火曜
http://www.cocottecafe.net/

この日のテーマは「もめん着物」。場所は可愛いカフェ。それぞれ、思い思いのもめんの着物を着て集まりました。着物談義に花が咲いて、おしゃべりが尽きません。もうそれだけで楽しい！

プチパーティのアイデアいろいろ

お取り寄せパーティ

全国のおいしい和菓子、ケーキ、お茶などいろいろ取り寄せて、みんなで少しずつ食べて味見をするパーティ。食べすぎには要注意。

着物で○○！

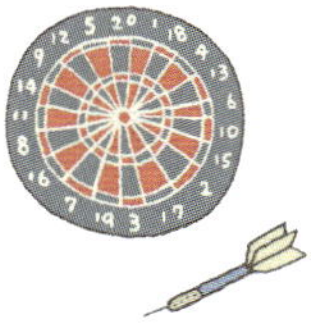

着物でダーツバー、屋形船を借りて着物で船遊び、酒蔵を訪ねて着物で利き酒などなど、着物で何かに挑戦するアグレッシブなパーティ。

女の子だけのひな祭り

おひなさまを飾り、食べ物を持ち寄って、白酒を飲みながら女子トーク。着物まわりの小物を手作りしたり、かるたをしたり、普段やらないことをやってみるのも。

お題を決めて

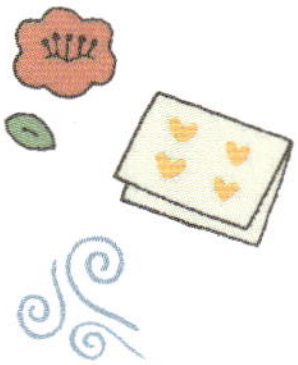

初春、椿、水もの、クリスマスなど季節に合ったお題を決め、お題のモチーフを入れたコーディネートで集まるパーティ。招待状にも凝ると楽しい。

キュートに
プチパーティコーデ

Coordinate 2

明るい黄緑色のチェックは、しなやかで、もめんビギナーにもオススメな片貝木綿。帯はポップな洋生地の作り帯。紅色の帯揚げと市松の帯留めがアクセントに。

着物（つゆくさ）／帯（居内商店）

Coordinate 1

ぼかしに洋風な花柄の着物に、アンティーク風のバラの帯。たくさんの花に包まれてガーリーな雰囲気は洋生地ならでは。

着物（浅草きもの市）／帯（居内商店）／帯揚げ（街着屋）

小ぶりなブローチは、帯留め金具をつければ帯留めに。ショール留めにもなって、気軽に季節感も出せるアイテムです。キラキラ系の小物でパーティを華やかに！

右：金魚透かしバスケット型の中にガムランボールが入っています！　ボールを揺らすとやさしい音色。左：リーフモチーフに大粒の淡水パールがゆらゆら揺れて。（しぇんま屋）

Coordinate 4

明るく元気なオレンジと緑の花柄の着物に、楽しげな音符のつづれ帯を合わせて。パーティをぱっと明るくしてくれます。

着物・帯（居内商店）

「ホルスタイン」という名前がつけられた草履。ふわふわで可愛い。（居内商店）

Coordinate 3

オフホワイト地にゴールド＆ホワイトの雪の結晶は冬の定番柄。帯に赤と緑の色を加えると、クリスマスパーティにぴったりのコーデになります。

着物（浅草きもの市）／帯（居内商店）／帯締め（街着屋）

Scene 5

ショッピング

洋服だとどこへでも出かけられるのに、着物だと和風な場所へと考えてしまう人が多いのはなぜでしょう。普段、皆さんが洋服で出かける場所へこそ、着物で出かけましょう。

ショッピングは結構歩くし、合間には食べたり飲んだりするから、活動的なもめんの着物はぴったり。出かける場所の雰囲気に合わせて、都会的な着こなしでおしゃれを楽しみましょう。

菱屋《ひしや》カレンブロッソ
東京ミッドタウン店

東京都港区赤坂9-7-4D0314
☎03-5413-0638
交：地下鉄六本木駅すぐ／営：11:00～21:00／休：不定休
http://www.calenblosso.jp/

六本木駅で待ち合わせて東京ミッドタウンへ。こういう最先端スポットにこそ、着物で足を運びたい。まずは洋風和装雑貨店「菱屋カレンブロッソ」で、着物にも洋服にも合うバッグや小物探し。そのあとは着物ショップ「awai」へ。さすが六本木にあるお店。都会に映えるシンプルで大人な着物や帯がそろっています。

高層ビルに着物姿が新鮮！

東京ミッドタウンから歩いて5分の国立新美術館に足を延ばすのも。

六本木の街をただ歩くだけでも楽しい。

東京ミッドタウンの裏手にある公園で一休み。

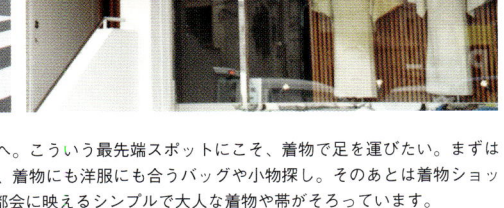

スマートに

ショッピング
コーデ

Coordinate 1

子どもっぽくなりすぎない紫のチェックは片貝《かたかい》木綿、深いグレイにぶどう文のつづれ帯。街の風景にもしっくりなじむコーディネートで、着ていて落ち着きます。

着物（つゆくさ）／帯（居内商店）／かごバッグ（かごや）／履物（karo karo）

Coordinate 2

遠目には無地にも見えるけれど、よく見るといろんな色味の細かい縞の入った片貝木綿。有松絞りのドット帯の赤でコントラストを楽しんで。

着物・帯（つゆくさ）

右：植物の「紫式部」をイメージした天然石スギライトの木の実が美しく。左：漆《うるし》風木製スティックにアメジストの藤の花が揺れて可愛いかんざし。（しぇんま屋）

暖かくてカラフルな別珍足袋で、寒い季節も元気にお出かけできそう。（居内商店）

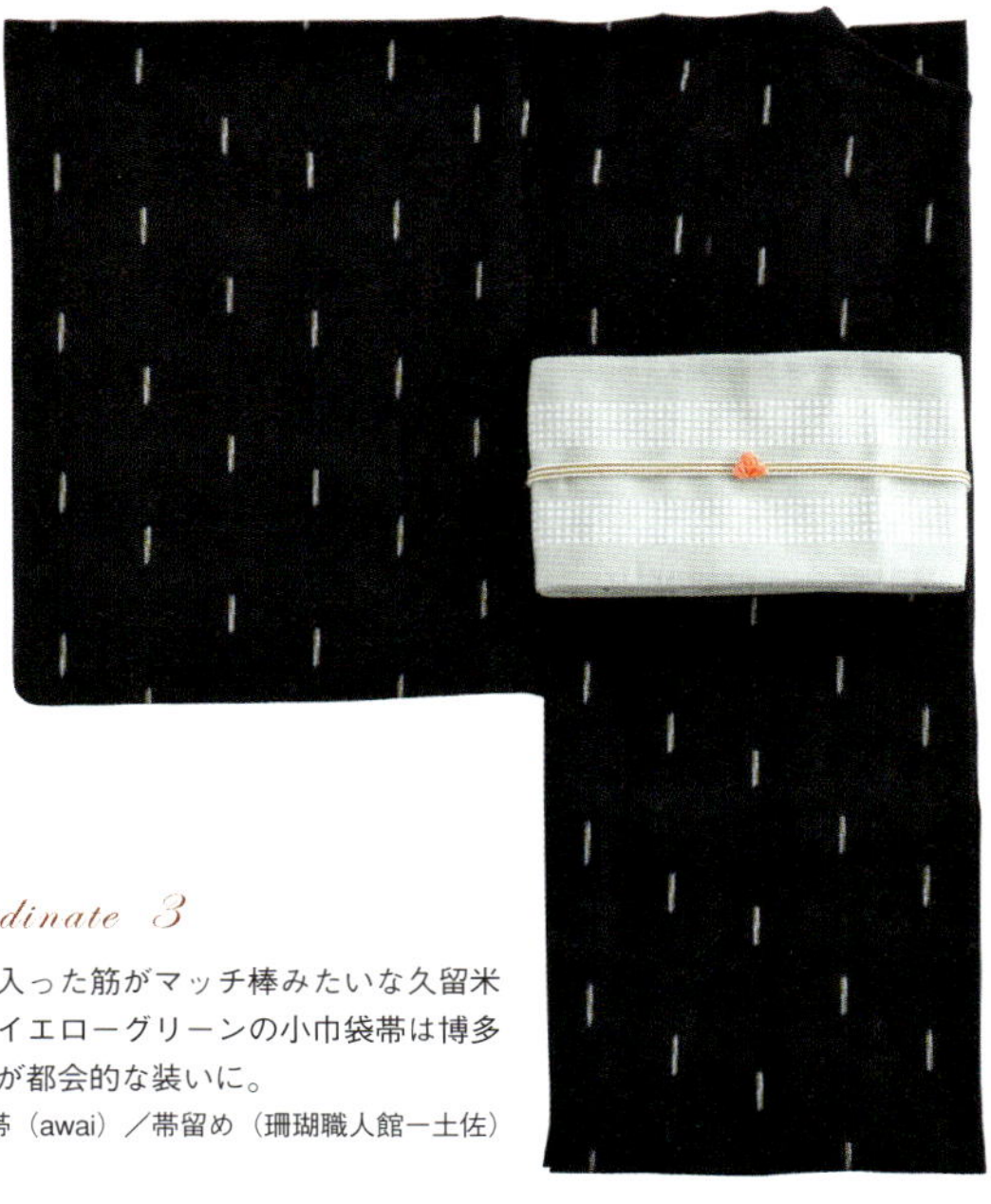

Coordinate 3

すっと入った筋がマッチ棒みたいな久留米絣に、イエローグリーンの小巾袋帯は博多織。絣が都会的な装いに。

着物・帯（awai）／帯留め（珊瑚職人館一土佐）

Column ❶

もめん着物のTPO

もめんの着物は家着なの？

「もめんやウールは家の中で着る着物。だから、お出かけには不向き」と言われることがあります。でも、それは誰もが着物を着た時代の感覚。今は、家着として着物を着て生活している人は圧倒的に少数派ですから、その感覚はもう違ってきているように思います。

その服で居心地がいいか悪いか

洋服の場合は同じもめんでも、素材感、色柄、形によって、家着にもお出かけ着にも…とかなり幅広く着られます。着物の世界での「お出かけ着」「普段着」という言葉が、あまりにも洋服と感覚が違うことが、ビギナーの方にはわかりにくいのかもしれません。

ワンピースがいいか、ジーンズでも大丈夫か…洋服でも、行き先や会う相手によって、何を着ていくか考えますね。そこに何か規則があるからではなく、その場にいる人がお互いに居心地よく過ごせることを大切にして、おしゃれを楽しみます。

洋服を選ぶ感覚でTPOに配慮して

ひと口に「もめんの着物」と言っても、ひとくくりにはできません。色柄、生地のテイスト、帯とのバランスなどによって、かなり幅広くコーディネートができます。もめんを着る場合、「今日はもめんの着物でもいいか」「コーディネートはその場にふさわしいか」にだけ思いをめぐらせ、自分が気後れしたり、居心地悪く感じなければよしとしましょう。洋服を選ぶ感覚で、もめんの着物を選んで着ていただきたいと思います。

Column ❷

素材の組み合わせ

もめんの着物と襦袢

決まりごとが多い着物では、素材の組み合わせがわからないという人も多いもの。もめんの着物の場合の、素材の組み合わせ方をご紹介します。

まず半襦袢《はんじゅばん》の素材ですが、お手入れのしやすいさらし、ガーゼなどのもめん素材か、ポリエステルなどが手軽です。

これに対して、裾よけはもめん素材は避けたほうがよいかもしれません。もめんの着物は絹ほど裾さばきがよくないので（着慣れてくれば、なんてことはありませんが）、もめんともめんでは、さらに裾さばきが悪くなって歩きにくくなります。

裾よけ部分は、絹、キュプラ、ポリエステルなど、すべりのよい素材がオススメです。

もめんの着物と帯

もめんの着物には絹の帯はダメと思っている方が多いようですが、そんなことはありません。もめんやポリエステルはもちろんのこと、絹の染や織でもまったく問題ありません。

ただ、重厚な織りや刺繍の袋帯、金糸銀糸の入っている帯は、もめんとはアンバランスです。もめんの生地の質感とのバランス、色柄に合わせることだけ気をつけましょう。

もめんの着物と羽織りもの

もめんに限らず、着物の上に重ねるものは、その着物と同等か、それより格の上の素材を合わせるとよいといわれています。もめんの着物の上に羽織るコート、羽織、道行《みちゆき》などは、もめん、ポリエステル、絹などの素材がよいでしょう。洋服と兼用で、ケープやポンチョなどもオススメです。

落語
一九
お仲入り
落語
馬風
漫才
ロケット団
落語
左橋
落語
文生
太神楽
仙三郎社中
本日
入替なし
6-12
場料金
2700
2500
2200
1800

外にかかる番組表を見ると、その日の演者がわかります。

寄席のお土産に、手ぬぐい、扇子、湯のみはいかが？。

新宿の喧騒の中に突然現れるレトロな建物。昼の部は12時〜16時半、夜の部は17時〜21時と演目が続きます。

チケットは当日窓口で。ふらっと寄席に入るなんて楽しみ方をしてみたい。

営業日は1/1〜12/29。実は年中、落語が聞けるのです！　都内にはこうした定席《じょうせき》（常設の寄席）がいくつもあります。

着物で2階の桟敷《さじき》席に座ってみると、ゆるい空気がたまりません。

Scene 6

落語

歌舞伎と並んで着物で楽しんでもらいたいのが寄席《よせ》です。難しい印象を持つ人も多いですが、そもそも落語は江戸時代に大衆娯楽として始まり、発展してきた芸能。ただ聞いているだけでいろいろな情景が浮かんできて、話芸の奥深さを堪能できるでしょう。また寄席では、講談、マジック、紙切りなどの落語以外の演目も楽しめます。ぜひ気軽に足を運んでみてください。

新宿末廣亭《すえひろてい》

外観も中もレトロ。夜は提灯が灯ってさらにいい雰囲気。
東京都新宿区新宿3-6-12
☎ 03-3351-2974
交：地下鉄新宿3丁目駅徒歩1分／営：昼の部12:00〜16:30、夜の部17:00〜21:00／休：12月30日、31日／料：一般 2700円
http://www.suehirotei.com/

渋モダンに

落語コーデ

Coordinate 1

紺色の細かいチェックの片貝木綿は、年齢を問わず、帯ひとつで雰囲気が変えられる着物。アンティークっぽいバラの帯が、渋くなりすぎるのをやわらげてくれます。扇子と手ぬぐいを持って、気分を盛り上げましょう。

着物（つゆくさ）／帯（居内商店）／帯揚げ（街着屋）／手ぬぐい・下駄（karokaro）

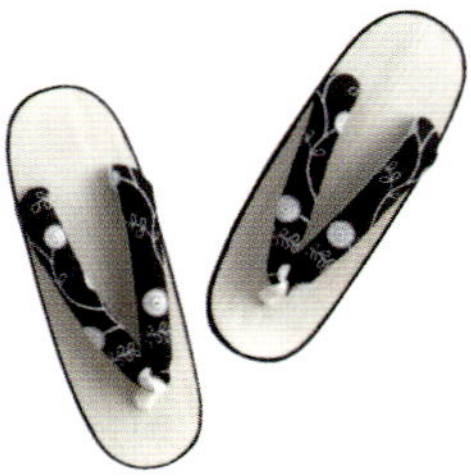

Coordinate 2

しなやかで上質なもめんに透けるレース地をあしらっている着物は、コケティッシュな渋さが魅力。「たまねぎのモダニズム」というネーミングの帯が楽しい。こういう渋い着物には、帯揚げや帯締めにピンクを添えるだけでぐっと優しくなります。

着物・帯（キモノ・モダン）／帯揚げ・帯締め（街着屋）

一見、地味に見えて、実際着てみると大胆な柄いき！

季節に合わせたり、落語の演目に合わせたりと、手ぬぐいの柄にもこだわってみましょう。(karokaro)

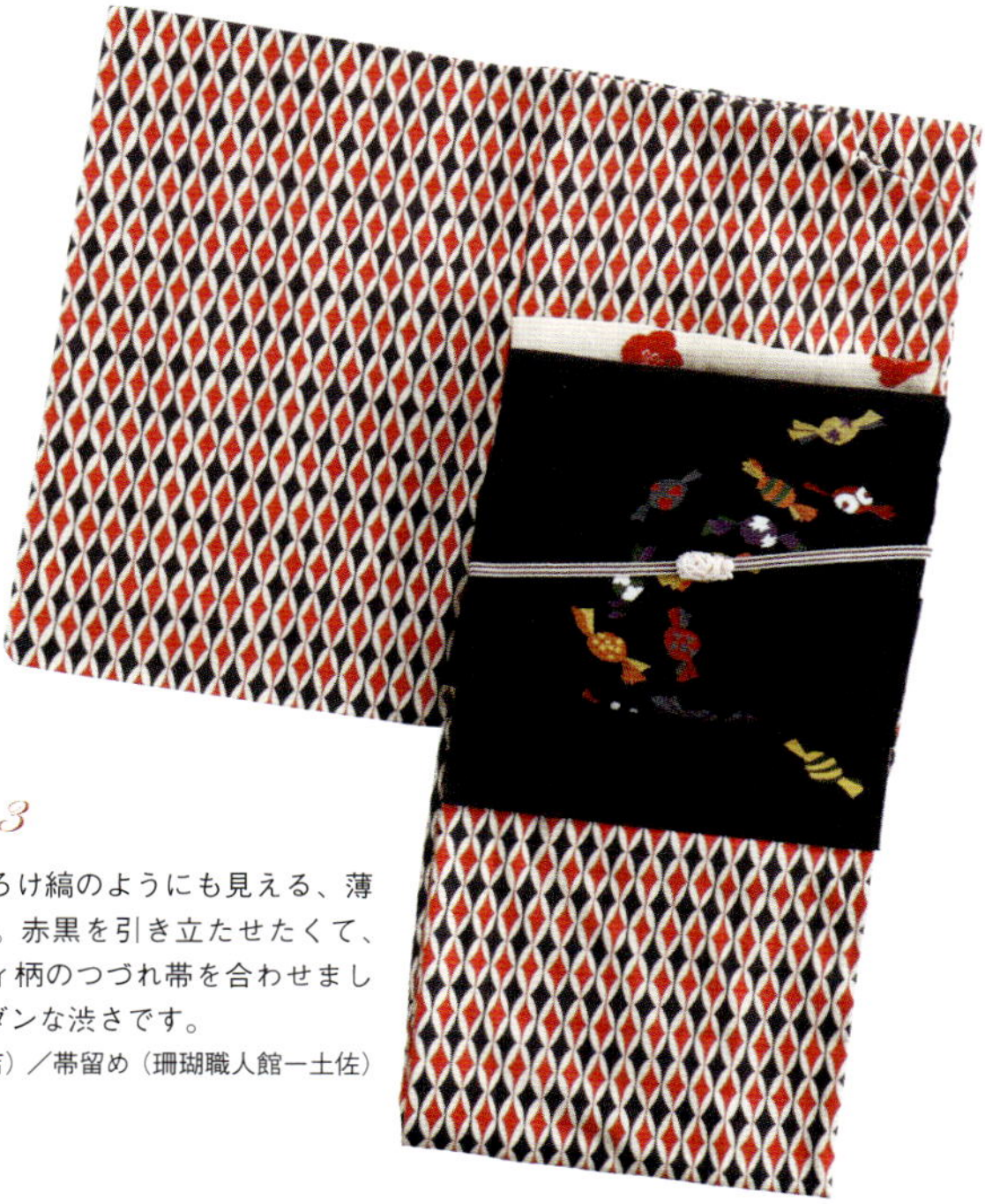

Coordinate 3

赤黒ダイヤがよろけ縞のようにも見える、薄手の洋生地着物。赤黒を引き立たせたくて、黒地にキャンディ柄のつづれ帯を合わせました。ポップでモダンな渋さです。

着物・帯（居内商店）／帯留め（珊瑚職人館一土佐）

Scene 7

西洋館

風景に着物姿がなじむと、とても居心地がよいもの。明治、大正、昭和初期に建てられた西洋館を目の前にすると、新しい文化を吸収した変化の時代にタイムスリップしたかのようです。

その空間が着物を引き立ててくれるから、もめんの着物もアンティーク風に、昭和モダンに、乙女ちっくに…と、コーディネートを楽しむには最適な場所です。

旧古河《ふるかわ》庭園

石造りの洋館建物内の見学は、往復はがきで事前申込みが原則。
東京都北区西ヶ原1丁目
☎03-3910-0394
交：JR上中里駅・地下鉄西ヶ原駅徒歩7分／開：9:00～17:00（入園は16:30まで）／休：年末年始／料：一般150円
http://tokyo-park.or.jp/park/format/index034.html

旧古河邸は、大正6年に古河財閥三代当主の本邸として建てられました。素敵なレンガ造りの外観からは想像できませんが、2階には和室もあります

美しく手入れされた洋風庭園は、大正初期の庭園の原型を残している貴重な存在。春秋にはたくさんのバラが咲きます。

こういう場所に来ると、レトロな気分になります。

めずらしい紫のバラを見つけました。／足下にも可愛らしいバラが。

ロマン
ティックに

西洋館コーデ

Coordinate 1

ブルーグリーンにぐるぐる水玉柄の洋生地着物に、金茶の鹿のつづれ帯。新しいのに、どこかレトロな印象の色合いが、西洋館のたたずまいにマッチしてロマンティック。

着物（浅草きもの市）／帯・草履（居内商店）

Coordinate 2

ベーシックなチェックの会津木綿に、綿麻のファブリックで作った作り帯。小さなバラの花は主張しすぎず、甘すぎず。ターコイズブルーの帯締めがポイントです。

珊瑚《さんご》でできた、ぼたんの花の帯留め。珊瑚は魔除け・厄除け・幸福を授けるお守りとされ、昔から女性たちが身につけました。あらためて珊瑚の色、彫り、雰囲気の素敵さを見直しています。（珊瑚職人館－土佐）

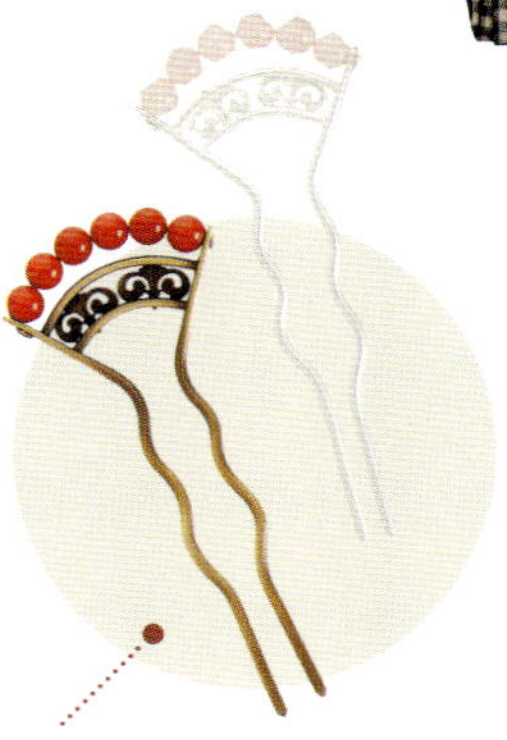

古くからあるシンプルなU字のかんざし。紅水晶や赤珊瑚の色がスウィート。（しぇんま屋）

Coordinate 2

まるでアンティーク着物のような雰囲気の久留米絣。黒地に大きな牡丹の赤が印象的です。帯はシルバーとブラックの市松模様で、どんな着物にも合わせやすそう。くっきりした紅白の帯締めが全体を引き締めてくれます。

着物・帯・帯締め（awai）

神楽坂

坂、石畳、階段、路地…花街としても栄えた街の匂いを残しつつ、モダンで新しい店もある。着物で歩くのが楽しい街。

休日などは一部歩行者天国になり、たくさんの人でにぎわう神楽坂。毘沙門《びしゃもん》さんにご挨拶したり、いい匂いにつられておやつを食べたり、おしゃべりしながら、気の向くままに歩くのが楽しい！

駄菓子を見かけて昔話で盛り上がったり、箸置きを見つけて帯留めにするなら…なんて足を止めたり、表通りから一歩入った路地に思いがけず素敵な料亭やレストランを見つけたりと、うれしい発見もお散歩の醍醐味。

Scene 8

お散歩

もめんの着物でもっともっと気軽にお出かけしてほしいのが、お散歩。まだ着物で出かける自信がないという方は特に、お散歩から始めてみてはいかがですか？

目的あるなしに関わらず、おいしいものを食べたり、ウィンドウショッピングをしたりと、着物で街を歩くのは楽しいもの。歩いたり、階段を上ったり下りたり、食べたり飲んだり、着崩れを直したり、そういう時間を過ごすことで着物に着慣れていきます。

カジュアルに お散歩コーデ

Coordinate 1

インディゴブルーのデニムの着物は無地紬のようなかっこよさ。6オンスのデニムだから軽くて着やすく、ジーンズ感覚でガンガン歩けそう。そして、まさにこういうモダンな色柄が着物に合う！　という細帯。大人の女のカジュアル着物にぴったりです。

着物・草履（居内商店）／帯（キモノ・モダン）／帯締め（街着屋）

Coordinate 2

チェックが大きめでも子どもっぽくなりすぎない、茶系のチェックの伊勢木綿。つづれ帯のトランプ柄がアクセントになって、お散歩が楽しくなりそう。帯揚げ、帯締めはあえて落ち着いた色にして、大人カジュアルに。

着物・帯（居内商店）

足袋に慣れない人には、靴下タイプのたびっくすをオススメ。色柄も豊富で普段使いにぴったりです。

お散歩では、ふらっと入ったお店での素敵なものとの出合いも楽しみ。くるんとたたむと小さな正方形になってしまうエコバッグを、バッグの中にしのばせて。

Coordinate 3

ふんわり厚地でウールと間違いそうなもめんの着物は、寒い季節のお散歩にオススメです。西陣織の半幅帯の黒ですっきり。ワイン色と瑠璃紺《るりこん》の帯締めの色を加えて。

着物（浅草きもの市）／帯（居内商店）／帯締め（街着屋）

浅草寺ほおずき市 四万六千日

毎年、夏の訪れを知らせてくれるほおずき市。浅草寺の境内には約250軒の露店が並びます。7月10日にお詣りすると四万六千日分の功徳《くどく》（ご利益のこと）があるとされ、大勢の人でにぎわいます。（開催日等のデータはp93）

Scene 9

夏まつり

もめんの着物を始めるなら、きっかけにしてほしいのが夏です。

浴衣は着るという方は多いはず。最近はいろいろな素材の浴衣も出ていますが、やっぱり夏こそもめんの浴衣。しかも、おまつりなら、着物だからってまわりの目も気になりません。どんどん浴衣を着て、慣れたら衿をつけて、足袋を履いて、夏着物風に楽しみましょう。

夏といえば花火大会、だけではありません。昔からの各地で催される夏まつりがたくさんあります。身近なおまつり情報をチェックして、お出かけしましょう！

川崎大師風鈴市

夏の風物詩として有名な風鈴市。全国津々浦々の風鈴が飾られ、たくさんの種類と音色が楽しめます。川崎大師オリジナル「厄除だるま風鈴」がお茶目でかわいい。

富岡八幡宮例大祭

深川八幡まつりともいわれ、赤坂の日《ひ》枝《え》神社の山王《さんのう》まつり、神田明神の神田まつりとともに「江戸三大まつり」のひとつ。3年に一度行われる本まつりでは大小合わせて120数基のみこしが担がれ、にぎわいます。

湘南ひらつか七夕まつり

60回近くの歴史があり、仙台と並んで有名な七夕まつり。豪華な竹飾りが市内に約3000本飾られます。夜は照明が映えて美しいおまつり。

花火大会

全国各地で開催される花火大会。どんどん出かけて、着物を着る機会を増やしてください。

綿絽《めんろ》の絞りの浴衣に、衿をつけて足袋を履いたら、夏着物風。

涼しげに
夏まつりコーデ

Coordinate 2

ナチュラルな生成りのストライプはロシアの生地。ポップでカラフルな半幅帯を合わせて、元気に洋服感覚で着られます。

着物・帯（居内商店）

Coordinate 1

しゃり感のある綿紬の浴衣は、涼しげな流れ水玉。衿をつければ夏着物にもなります。半幅帯は、どこか古風な印象の生地なのに、メイドインUSA。古布などでパッチワークされたドットがちらりと見えて可愛い。

着物・帯（キモノ・モダン）

京都に行ったときに買ったお気に入りの、ようじやの小さな手鏡。広島のお土産でいただいた熊野筆。そして、神楽坂をお散歩して見つけた、まかないこすめのからくりあぶらとり紙。夏のお出かけに、持っていると便利です。

Coordinate 4

藍色の有松絞りの綿絽浴衣。藍と白のコントラストはやっぱり王道、基本。麻の作り帯で素材感も涼しく。

着物・帯（つゆくさ）

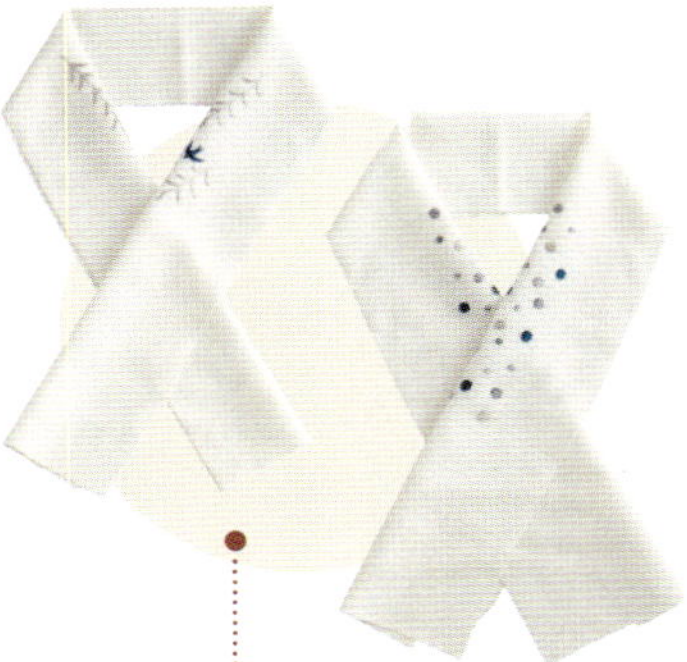

右：手刺繍らしい味のあるドットは何にでも合いそうです。左：柳の下を飛び交うツバメが人気の夏半衿。（きよかなきもの）

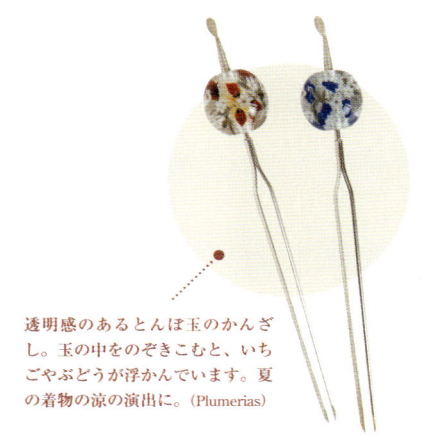

透明感のあるとんぼ玉のかんざし。玉の中をのぞきこむと、いちごやぶどうが浮かんでいます。夏の着物の涼の演出に。（Plumerias）

Coordinate 3

ギンガムチェックの半襦袢＆裾よけの上から、シースルーの着物を羽織ることで、チェックが浮かび上がってくる大人可愛い着物。水を連想させる西陣織のスワン柄で、涼しさをプラス。

着物・帯（居内商店）／帯締め（街着屋）

Column ❸

暑いとき・寒いとき

もめんの着物は基本的に単仕立て。単衣でも、冬はもちろん年中着られます。暑さ寒さは下に着るもので調整し、さらに小物の季節感や素材感に気を配るとよいでしょう。

暑さ対策

盛夏にはしじら織や麻の入った綿がおすすめですが、それでも暑いときに、肌襦袢、長襦袢、着物と3枚着るのはつらいもの。汗取りとして肌襦袢を着る方もいますが、中に着るのは1枚でも少なくしたくなります。

そこでオススメはやっぱり、うそつき襦袢。肌襦袢と長襦袢が一体化したもので、半衿がついていて、袖の部分を取り外しができる襦袢です。春から夏へ、夏から秋へ暑さを感じる時期は、このうそつき襦袢1枚で過ごせます。まるごとお洗濯できるのもうれしいところ。

さらに、メッシュ素材の伊達《だて》締《じ》めや帯枕などを使うのも、涼しく過ごす工夫です。

寒さ対策

寒いときは、ネルのような暖かい素材の肌襦袢や裾よけ、ババシャツ、スパッツなど、下に着るもので調整しましょう。

一番寒いのは足元と袖口。靴と違い足袋のまま外気に触れるので、足袋は内側がネル素材のものや別珍足袋が暖かくてオススメです。袖口から風が入ってきてしまう手元は、ロング手袋と袖口が狭くなったコートでカバーすると、ずいぶん違います。こうしたうえで、上に羽織やコートを羽織れば、かなり暖かく過ごせます。

着物は重ね着をするため、空気の層ができ熱が逃げないので、ほくほくします。寒がりさんこそ、冬は着物です！

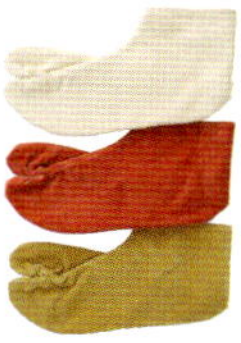

2章

もめんの着物でてくてくお散歩

お散歩コースとして私が大好きな街を３つ、ピックアップしました。着物を着てお散歩すると、見慣れた街も違って見えてくるはず。お住まい近くの街もぜひ歩いてみてください。

神楽坂コース

昔と今が共存する街

飯田橋から神楽坂の駅まで、ゆっくり歩いて20～30分。神楽坂では、情緒ある石畳、黒塀、路地裏にひっそりとたたずむ料亭など、華やかな花街のなごりを今も感じることができます。一方で、石畳がパリの街のようにも見えたり、学生街の一面もあったりと、いろいろな表情が楽しめます。

ふらっと路地裏を歩いてみると、新旧こだわりのショップも多く、老若男女、何かしらお気に入りを見つけられる街でもあります。

ここん

こじんまりした店内ながら、豊富な品ぞろえにウキウキする和雑貨屋さん。

☎03-5228-2602

東京日仏学院内のラ・ブラスリー

木立の中に見えるヨーロッパ風建物のレストラン。お天気のいい日にはぜひテラスで！

☎03-5206-2741

楽山

毘沙門天の斜め前、いい香りについ足を止めてしまうお茶の名店。

☎03-3260-3401

助六

創業明治43年の老舗《しにせ》。台と鼻緒を選んでその場ですげてくれる、今では貴重な履物屋さん。

☎03-3260-0015

K.VINCENT《カー・ヴァンソン》

知る人ぞ知るケーキ屋さん。チョコ系のケーキは絶品。全ケーキ制覇したくなります。

☎03-5228-3931

あさのは

益子焼を中心とした器類、手ぬぐい、袋物などの和雑貨など、センスのよい商品がそろっています。

☎03-5261-5221

いろどりざか

神楽坂のイメージにぴったりな、和ポップな雑貨のお店。

☎03-6413-1916

五十鈴《いすず》

五十鈴さんといえば甘露甘納豆。飽きのこない甘さで、食べ始めると止まりません。

☎03-3269-0081

神楽坂駅
いろどりざか
早稲田通り
音楽の友ホール
カド（食事）
あさのは
貞（雑貨）
牛込神楽坂駅
神楽坂上
大久保通り
五十鈴
茶寮（カフェ）
地蔵坂
K.ViNCENT
善國寺（毘沙門天）
ココットカフェ
楽山
芸者新道
ここん
まかないこすめ（和コスメ）
助六
逢坂
神楽坂通り
たんす屋（着物）
軽子坂
東京理科大学
ラ・ブラスリー（東京日仏学院内）
紀の善（甘味）
神楽坂下
↓JR
飯田橋駅

長く付き合っていきたい

「銀ブラ」という言葉は健在で、銀座はやっぱり特別な場所。老舗、デパート、ブランドショップが並ぶ一方で、こだわりのある新しい感覚のショップや穴場的なショップもたくさんあり、それぞれの年代の「銀ブラ」があるように思います。

そして、年齢を重ねても、またその年齢なりの銀座を遊びたいと思える街です。

フロール ド カフェ樹の花

歌舞伎座の裏通り、ジョン・レノンとヨーコが訪れたことでも有名なカフェ。静かにおいしいコーヒーを飲みたい。

☎03-3543-5280

茶房 野の花

野の花、茶花《ちゃばな》専門店で、2階は小さなカフェ。ヘルシーでおいしいランチはオススメ。

☎03-5250-9025

銀座大野屋

歌舞伎役者の手ぬぐいといえばここ、大野屋さん。品ぞろえ豊富で、足袋なども充実。

☎03-3541-0975

銀座松崎煎餅

銀座にお店を構えて200年という老舗！ 1階はショップ、2階はお茶をいただけるサロン。

☎03-3561-9811

アンティークモール銀座

アンティーク専門店が約300店入ったショッピングセンター。昔着物、古布、ジュエリーなど。

☎03-3535-2115

東京鳩居堂《きゅうきょどう》

お香の歴史は鳩居堂の歴史ともいわれるほどの有名店。つい長居してしまいます。

☎03-3571-4429

うおがし銘茶

1階はショップ、2階は煎茶席、3階はお抹茶席。おしゃれな日本茶専門店で一服しましょう。

☎03-3571-1211

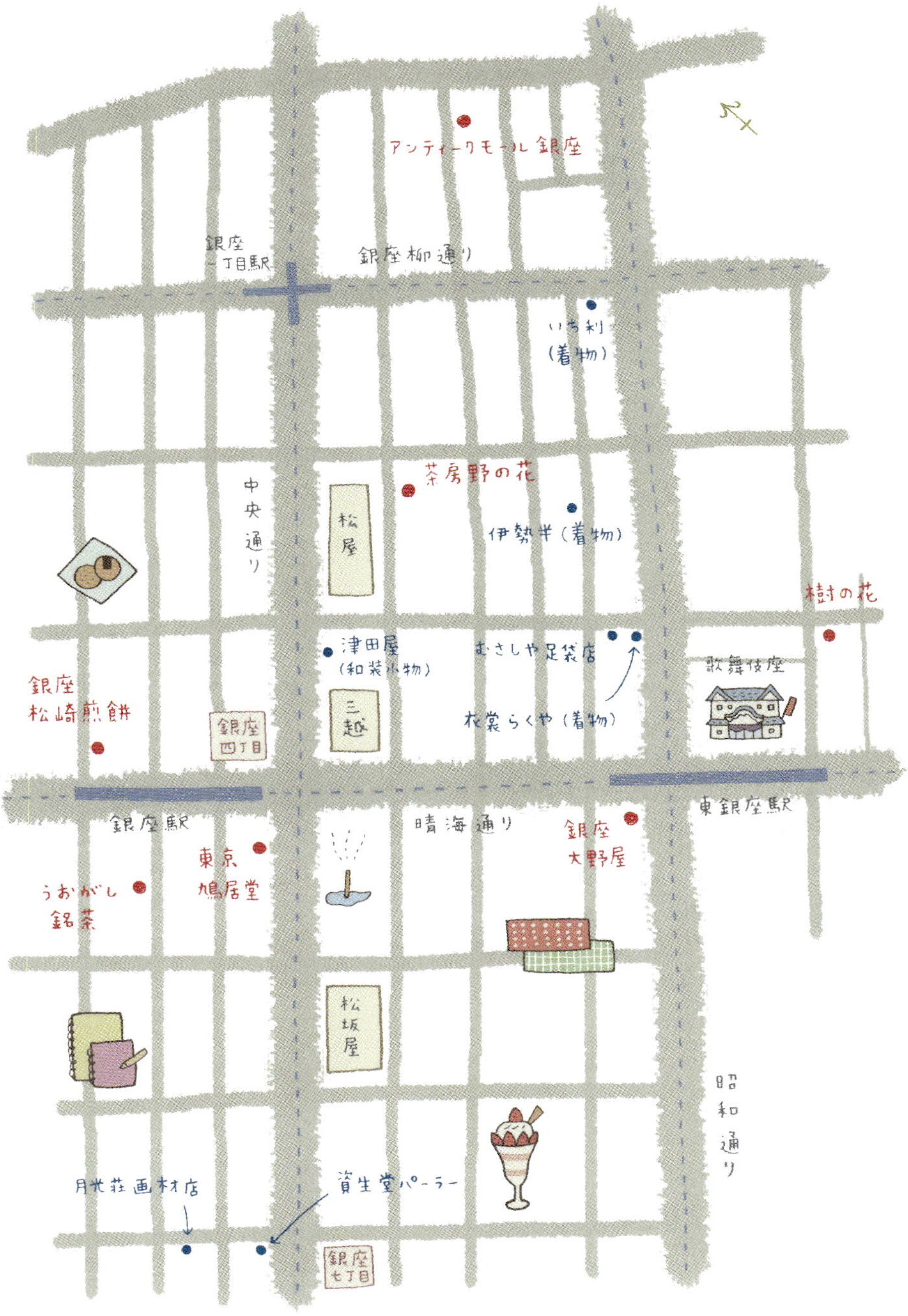
アンティークモール銀座
銀座一丁目駅
銀座柳通り
いち利（着物）
茶房野の花
中央通り
松屋
伊勢半（着物）
樹の花
津田屋（和装小物）
むさしや足袋店
歌舞伎座
銀座松崎煎餅
銀座四丁目
三越
花裳らくや（着物）
銀座駅
晴海通り
東銀座駅
銀座大野屋
東京鳩居堂
うおがし銘茶
松坂屋
昭和通り
月光荘画材店
資生堂パーラー
銀座七丁目

西荻窪コース

ゆるさがたまらない

中央線沿線でも人気の街、西荻窪。駅の南口は庶民的な雰囲気、北口はアンティークショップや古書店が並び、独特のゆるさが漂っています。街自体はそんなに大きくないから、お気に入りのお店でゆっくり過ごして、疲れたら雰囲気のいいカフェで一休み。

着物のリサイクルショップなども多く、着物好きなら一度は行ってみたい街でもあります。

ベビヰドヲル

お店の中はもう別世界。明治～昭和30、40年代くらいのお人形やおもちゃが並びます。

☎03-3301-0638

西洋アンティーク慈光

西荻のアンティークショップの草分け的存在。ほかに「昭和モダン家具」「良質家具・骨董」のお店もあります。

☎03-3399-7011

ギャラリーMADO

駅から徒歩2分。昭和10年頃に建てられたレトロな洋館のギャラリー。

☎03-5346-1485

ころもやb.b.

人形町の「ころもや」の2号店。新潟の着物メーカーの直営店で、入りやすい着物屋さん。

☎03-5382-0741

クワランカカフェ

渋谷で人気の屋上カフェが移転してきました。食べ物だけでなく、空間を味わえるカフェ。

☎03-6672-8967

grape《グレープ》西荻赤鳥居店

リーズナブルな着物、帯、材料などが充実したリサイクルショップ。本店は南口に。

☎03-5382-2410

こけし屋

老舗の洋菓子店。レストランもあり、毎月第２日曜日のグルメの朝市は盛り上がります。

☎03-3334-5111

どんぐり舎《や》

創業1975年、時代を感じさせる木のテーブルに椅子。なぜか本を読みたくなる喫茶店。

☎03-3395-0399

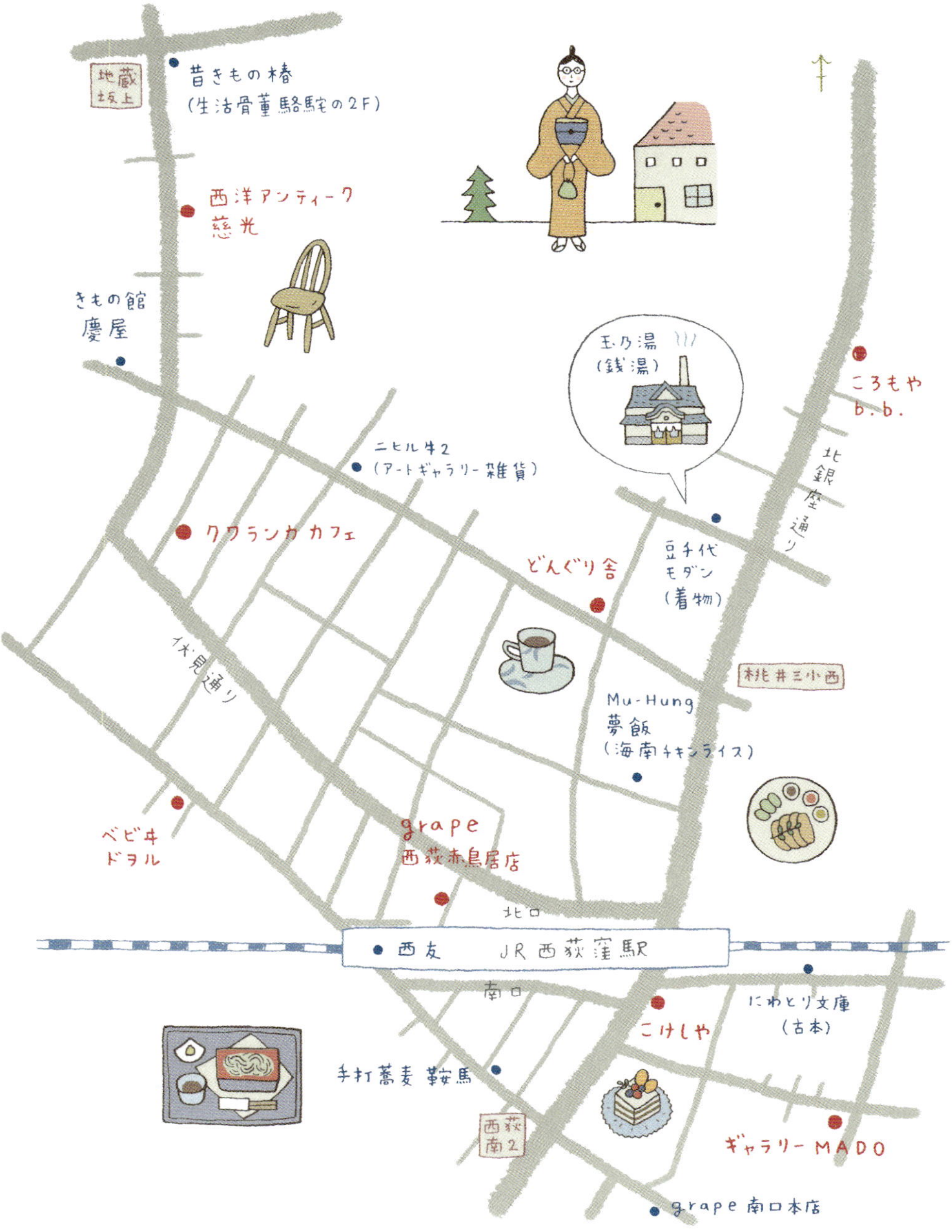

地蔵坂上
昔きもの椿
(生活骨董駱駝の2F)
西洋アンティーク
慈光
きもの館
慶屋
玉乃湯
(銭湯)
ころもや
b.b.
北銀座通り
ニヒル牛2
(アートギャラリー雑貨)
クワランカカフェ
どんぐり舎
豆千代
モダン
(着物)
桃井三小西
伏見通り
Mu-Hung
夢飯
(海南チキンライス)
ベビヰ
ドヲル
grape
西荻赤鳥居店
北口
西友
JR西荻窪駅
南口
こけしや
にわとり文庫
(古本)
手打蕎麦 鞍馬
西荻南2
ギャラリーMADO
grape南口本店

Column ❹

お手入れとお洗濯

毎日のお手入れ

着物を脱いだら、着物ハンガーにかけて風を通します。十分に湿気が取れたら、しみなどがないかチェックして、しっかりしわを伸ばしながら、着物をたたみます。

おうちでの洗濯

汗をかいたときや、ちょっとしたしみ取りなら、おうちで洗濯しましょう。洗濯機でも洗えますが、新しい着物は最初の2〜3回の洗濯で縮みやすく、色落ちもしやすいので、手洗いをすることをオススメします。

手洗いの場合

1 着物を2つ折り、または3つ折りにたたみます。

2 たらい、またはバスタブに水をはって、おしゃれ着用の洗剤を溶かします。

3 押し洗いします。特に衿、袖口、裾など汚れやすい部分はよく洗います。食べこぼしなどのしみは、つまみ洗いします。

4 3〜4回すすぎ、水を絞ります。糊付けしたい人はここで洗濯用糊につけます。

5 ネットに入れ、洗濯機で軽く脱水します。

6 パンパンとたたいてしわを伸ばしながら、着物ハンガーにかけます。

7 十分しわが伸びていたら、そのまま乾かします。しわが気になるなら、半乾きのところでアイロンをかけます。

洗濯機で洗う場合

1 着物を2つ折り、または3つ折りにたたんで、ネットに入れます。

2 おしゃれ着用の洗剤を入れ、ドライモードで洗います。

3 手洗いの6、7のようにして乾かします。

3章

もめんに合わせる可愛い小物

小物遊びは、着物の楽しさを倍増させてくれます。この章では、私がもめんに合わせると可愛いと思う小物をセレクトしました。

コラボ　居内商店×君野倫子

昔の帯を見て、今もあったらいいのにと思う柄を居内商店さんと復刻しました。
上段右から：私がプロデュースした山ぶどうのかご「まちこ」（p75参照）とおそろいの作り帯。／大きく描いた水紋ととんぼが夏らしい。／繻子《しゅす》地にたっぷりの刺繍で宝船に松竹梅。
下段右から：繻子地に刺繍で花喰い鳥。／波に千鳥のつづれ帯。／UFO柄の染帯。なんてポップ！

もめんの着物は帯が楽しい

もめんというと格子や縞が多いので、帯しだいでいろいろなテイストのコーディネートができるのが楽しいところ。帯の素材も、もめんから絹まで幅広く使えます。どんな着物に合わせようかな？　なんて考えながら、帯を眺めてみてください。

上段右から：紬やもめんの着物にとても相性のよいインドネシアのバティック。（きよかなきもの）／草原をゆく羊たち。ゆる可愛いさがたまらないつづれ帯。（居内商店）

下段右から：正絹の縮緬にくもの巣の刺繍。でも、実はくもはいません。胴の部分は表裏で柄違い。大人びたコーデにぴったり。（きよかなきもの）／雪の結晶がモチーフの雪《せっ》華《か》紋。夜空に舞う雪みたい。ふっくらとした刺繍で立体感があります。（きよかなきもの）

半幅帯

右から：洋服生地のもめん帯。ポップで元気なコーデに。（居内商店）／ざっくりとした風合いの綿紬。滑りにくいから、しっかり結べるのが魅力。（つゆくさ）／アジアンテイストの唐草模様。浴衣も着物も大人っぽく女らしく。（キモノ・モダン）／沖縄の八重山花織みんさー帯。さわやかな色が春夏に活躍しそう。（つゆくさ）／浴衣はもちろん、オールシーズンOKの博多帯。どんなものでも上品に合わせられます。（つゆくさ）／私がプロデュースした山ぶどうのかご「まちこ」の秋冬バージョンとおそろい帯。（居内商店）／黒繻子に赤で大胆な椿柄。帯を主役にしたい！（キモノ・モダン）／いちごとさくらんぼ。市松と組み合わせて甘くなりすぎないのがマル。（浅草きもの市）

帯替え着回しコーデのススメ

「着物1枚・帯3本」という言葉があります。同じ着物でも、帯を変えるだけで雰囲気が違って見えるという意味です。

見た目に印象が違うだけでなく、合わせる帯によって、着たときの自分自身の気分も違ってきます。そこが着物の楽しいところです。

上品

紫紺色のつづれ帯を合わせて。同系色でまとめると落ち着いた雰囲気に。小物をプラスすることで楽しさが増します。

帯（居内商店）

アンティーク

着物がベーシックなチェックなので、帯の柄が引き立ちます。アンティークの更《さら》紗《さ》柄の帯を合わせて。

ロマンチック

綿麻生地の小さなバラが、乙女な雰囲気をかもし出します。明るくカジュアルな着こなし。

30ページでも紹介した、紫色のチェックの片貝木綿の着物を使って。

着物（つゆくさ）

ポップ

粋な縞の着物も、赤のドットを合わせると、ポップでかわいらしくなります。色遊びが楽しくなります。

帯（つゆくさ）

ハンサム

白黒の縞のかっこよさをそのままいかす、男前なもめんの帯。小物で色の足し算ができます。

帯（居内商店）

レトロモダン

どこか懐かしいのに新しい、モダンな着こなし。すっきりした組み合わせで、上級者にも見えます。

帯（キモノ・モダン）

USAで入手した生地を誂え日本に渡ってきた、モダンでハンサムな着物で。

着物（キモノ・モダン）

もめんこそ兵児帯！

最近、大人の女性でも浴衣に兵児《へこ》帯を結ぶようになりました。締めつけが少なく、華やか。そして着物の最大の難関、帯結びが簡単！

素材や柄も豊富になってきました。夏の浴衣用に限らず、ウール、もめんなどの素材なら冬でもOKです。普段着としてのもめんの着物にこそ、兵児帯がオススメです。

1.ウールガーゼのタータンチェック。厚すぎず、ふんわり暖かで可愛い！（きものほ乃香） 2.黒と茶色のシフォン素材の帯を2枚重ねて。名古屋帯と一緒に結んでアクセントにも。（キモノ・モダン） 3.ふんわりした素材感で、控えめにスパンコールが。（居内商店） 4.もめんの白黒ギンガムチェックは、軽くてしっかり締まります。（居内商店） 5.苧《ちょ》麻《ま》100%で、ほどよい張りとシャリ感があって結びやすい。優しいあさぎ色が大人な印象。（きよかなきもの） 6.絞りの兵児帯。ちょっと懐かしい雰囲気で、大人可愛い。（つゆくさ）

4

1

5

2

6

3

[兵児帯の子どもっぽくならない結び方]

リボンがくたっと垂れ下がっている後姿は、やっぱり子どもっぽく見えます。
小ぶりにきゅっと引き締まったリボンに仕上げるために、
ポイントを押さえておきましょう。

1

帯の真ん中を持って、正面にあてます。

2

後ろで交差して、前に持ってきます。

3

なるべく上のほうに結び目がくるように、ひと結びします。

4

結び目の上に乗せるようにちょうちょ結びをして、羽根を整えます。

5

タレを結び目の下から引き上げます。もう一方も同様に引き上げます。

6

帯を後ろに回し、お好みで帯板を入れて出来上がり。

魅惑の帯留め

着物の楽しさのひとつに帯留めがあります。この小さな帯留めひとつで、コーディネートの奥行きがぐっと広がります。

いろいろな素材の帯留めがありますが、私の大好きなとんぼ玉と、最近、注目している珊瑚、天然石をセレクトしてみました。どれも繊細で優しくて美しく、つけているだけでうれしくなります。

Plumerias《プルメリアス》のとんぼ玉

Plumeriasのとんぼ玉に出合ったのは、もう4年前。おそらく、私の着物生活の中でもっとも使用頻度の高い帯留めです。あれから、いろいろなとんぼ玉と出合いましたが、やっぱり彼女の作るとんぼ玉が一番キレイ。ガラスの中にひとつの世界があって、のぞきこむと幸せな気分になります。

1.チェリーウッド 2.ぶどう 3.スノーベリー 4.ラベンダー 5.6.いちご 7.ラズベリー

天然石と珊瑚

1.インドひすいのバラに揺れる淡水パール。コーデにスウィートさをプラスしてくれます。（しぇんま屋）2.四角いスモーキークォーツがクラシックで上品。3.ローズクォーツにコンクシェルのバラとパール。そのまま甘いコーデに。渋いコーデに優しさを加える中和剤としても活躍しそう。（しぇんま屋）4.バスケットに入ったバラとお花。この可愛らしさなら、年齢問わず使えそう。（珊瑚職人館一土佐）5.ほんのり薄紫がかった水晶。小さくて品のいい輝き。季節問わず使えます。6.シンプルなだ円の珊瑚。このシンプルさが身につけるとかっこいい。（珊瑚職人館一土佐）7.しっかり彫られた珊瑚のぶどう。果物のモチーフはどこかアンティークな印象。（珊瑚職人館一土佐）

「クレマチス」春から初夏の花ですが、唐草風だから通年OK！

「雪華文」雪の結晶は、上品で雰囲気のある冬のモチーフ。

「南天（黒）」つぶつぶが可愛くて大好きな、お正月＆冬のモチーフ。

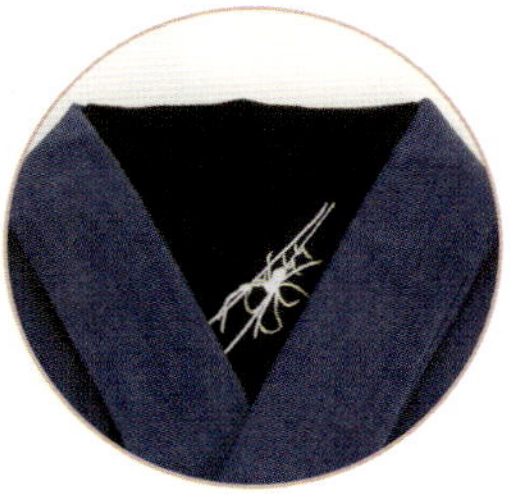

「くも」立体的な刺繍のくもで、モダンにハンサムに着こなしたい。

「よろけ縞」刺繍半衿が初めての人にも合わせやすいシンプルさ。

刺繍半衿で華を添える

もめんには白半衿はもちろん、カジュアルに柄半衿も楽しめます。

柄ＯＮ柄のコーディネートはなかなか難しいという方に、オススメなのが刺繍半衿。「もめんの着物に刺繍半衿は格が違うからダメですか？」とよく聞かれますが、もちろんＯＫですし、もめんがもめんに見えなくなるような華を添えてくれます。

「ハート」ワンポイントだから甘すぎない。デートやバレンタインに。

「薔薇」もめん着物を上品にランクアップしてくれるたっぷり刺繍。

「菊」重なり合う立体感が豪華。夏の終わりから秋深まる時期にぴったり。

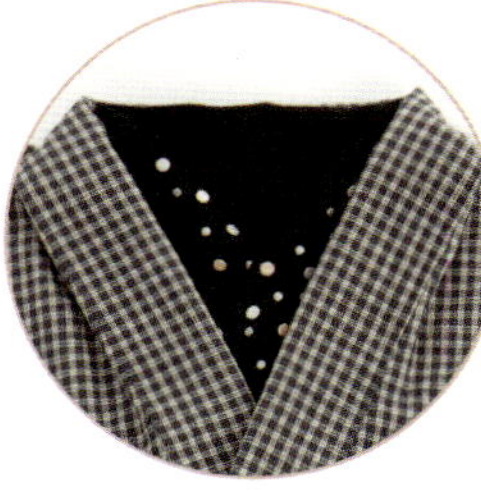

「水玉」子どもっぽくなりすぎない色合いが大人可愛い。

「実り」秋を感じさせる愛らしい赤い木の実は、相良《さがら》刺繍。

「南天（白）」南天は“難を転ずる”と言われ、吉祥文様でもあります。

「葡萄」夏が終わり、秋の訪れを衿元で魅せてくれます。

きよかなきものの手刺繍半衿

豪華すぎず、手刺繍の繊細さと落ち着いた色使いだから、普段着からやわらかものまで合わせられる、きよかなきものの刺繍半衿。カジュアルなもめんも、この半衿を合わせると、よそゆきのべっぴんさんになります。

街着屋の縮緬《ちりめん》の帯揚げ

街着屋オリジナル、縮緬の帯揚げは15種類。それぞれ2色に染め分けられているので、1枚で2色、グラデーション部分をうまく出せば、3通りに使えるすぐれもの。発色もきれいで、たくさんほしくなります。

帯締め、帯揚げの魔法

着物姿の中で、帯締め、帯揚げが見える割合は、ほんの少し。なのに、同じ着物や帯でも、このほんの少しのことで印象が変わります。

つまり、エッセンスのような帯締め、帯揚げは色数があるほど、いろんなコーディネートを試せるのです。

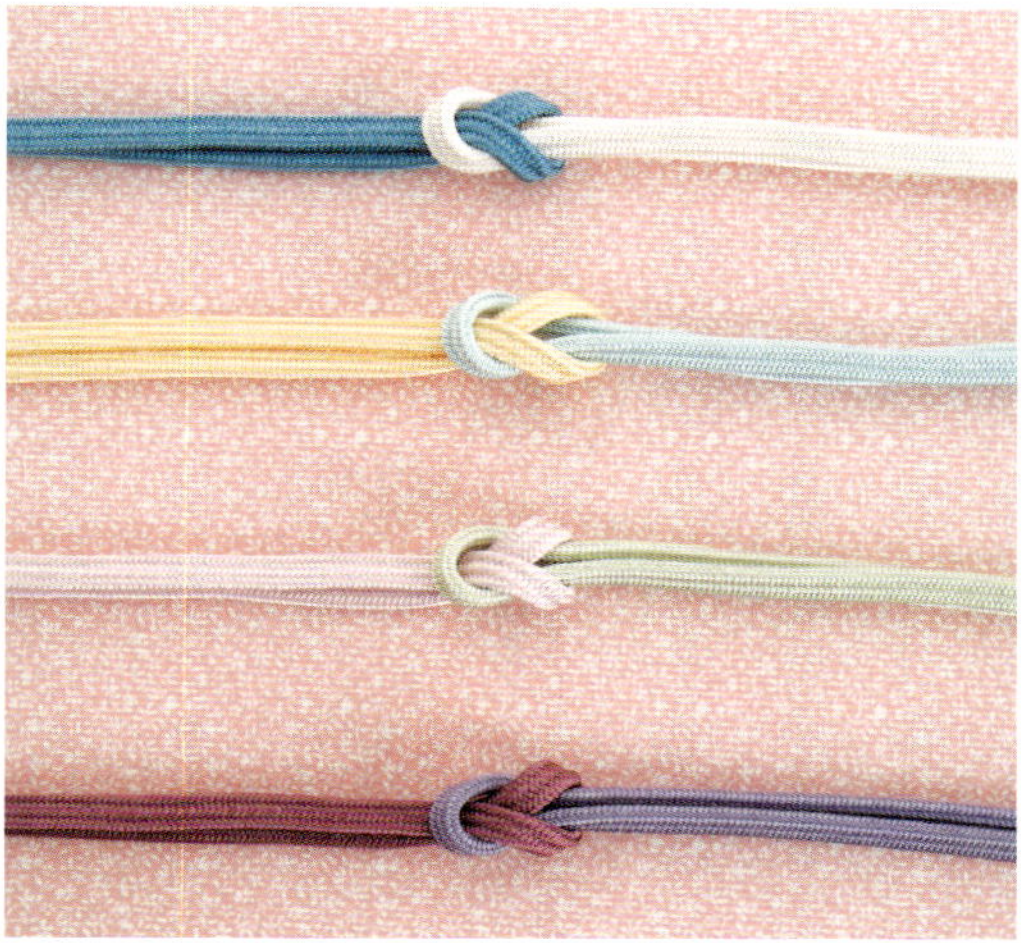

つゆくさの「いろいろ遊び」

つゆくさオリジナルの、冠組《ゆるぎぐみ》の帯締め「いろいろ遊び」。一般的な帯締めの半分の長さの先端にループがついていて、ループをつないで1本の帯締めとして使います。5色セットなので、いろんな組み合わせで楽しめるすぐれもの。

街着屋の3色帯締め

街着屋オリジナル、3色帯締め。ポップで明るい3色ストライプ。色の組み合わせは同じでも、表裏で色の出方が違います。しっかりした組みで締まり具合もグッド。コーディネートの明度をあげたいとき、モダンに仕上げたいときに活躍します。

三分ひもと飾りひも

マンネリ化した浴衣や夏向きのもめんの着物のコーディネートに、さわやかな飾りひもや帯留めを合わせるとぐっとセンスアップします。名古屋帯だけでなく半巾帯も、三分ひもや飾りひもを締めるだけで、きちんと感が増します。(街着屋)

ゆらりと光る 根付け、羽織ひも

洋服のとき、いろいろアクセサリーをつけますが、根付けは着物でいうアクセサリーのような存在だと思います。絶対なくてはならないものではないけれど、素敵な根付けが帯のあたりでゆらゆらしていると目を引きます。

羽織ひもは、羽織を着たときには必需品。組ひも、珊瑚、べっ甲、パール、とんぼ玉、ビーズなど、いろんな羽織ひもがあります。ビーズなら自分でも簡単に作れます。

しぇんま屋の根付け

懐中時計も着物ならでは。根付け部分を出して、時計を帯にしまいます。なかなかセンスのいい懐中時計が見つからなかったのですが、時計の部分も根付けの部分もきれいで素敵です。
上から：天然石ロードナイトの懐中根付け時計。／天然石ターコイズとハート型のガムランボールがクラシカルな懐中根付け時計。／天然石ロイヤルブルームーンの根付け。

手作りのビーズ羽織ひも

季節を意識して作った、私の手作り羽織ひも。
上から：ローズクォーツで春の優しい雰囲気に。／白と緑が夏らしくレース羽織にぴったり。／オニキスとメノウで秋らしく。／ブルーサンドの深い色で秋冬をシックに。／クリスマスカラーで。

[ビーズ羽織ひもの作り方]

[材料] 1.カシメ玉2個　2.ダブルチップ2個　3.Cカン2個　4.カニカン2個　5.ビーズ用ペンチ　6.テグス適宜
羽織ひもの長さのお好みで、ビーズの数を調整してください。右の羽織ひもは約17cmです。

1

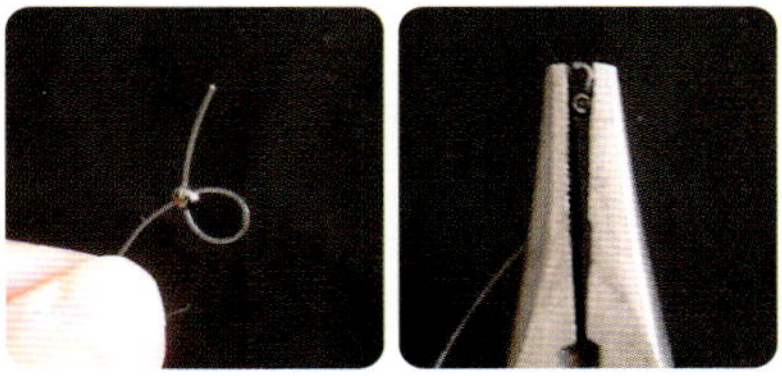

羽織ひもの長さより長めに切ったテグスにカシメ玉を通します。テグスをくるっと回してもう一度通し、ぎゅっと引き締め、ペンチでカシメ玉をつぶします。

2

余分なテグスを切ります。ダブルチップを通して中にカシメ玉をしまい、ダブルチップをペンチでたたみます。

3

お好みの長さにビーズを通していきます。最後にダブルチップを通します。

4

カシメ玉を通し、ビーズとビーズの間に隙間があかないように全体をぎゅっと引き締めます。カシメ玉をつぶして、余ったテグスを切ります。

5

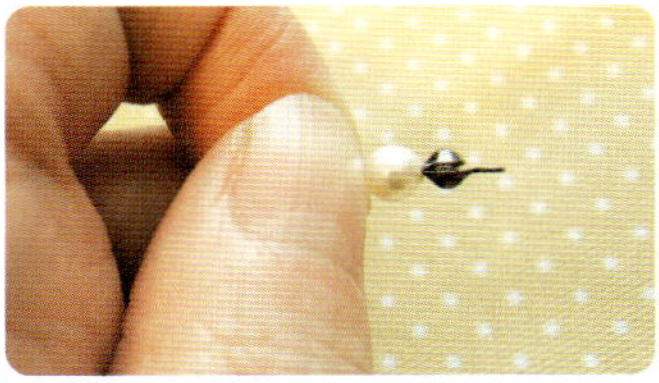

ダブルチップの中にカシメ玉をしまい、ダブルチップをペンチでたたみます。

6

ダブルチップにCカンを通します。さらにCカンにカニカンを通して、Cカンを閉じます。反対側も同様にしたら出来上がり。

ざっくりとみだれ編みにした横長の山ぶどうのかご。(かごや)

竹の取っ手にモダンなダイヤ柄の小ぶりなバッグ。(浅草きもの市)

絞りの三角袋。小さくたたんでかばんに入れても。(つゆくさ)

リングの取っ手のさわくるみは、まるで革のようなテイスト。(かごや)

白樺とくるみをざっくりと市松に編んだかごは、とてもモダン。(かごや)

和洋に使えるバッグとかご

着物には着物用のバッグを…とあまりかたく考えないで、和洋にかかわらず、まずは自分が可愛いと思えるバッグを探しましょう。

もめん着物に洋服用のバッグを選ぶのは難しいと感じる方は、素材やモチーフに和のテイストが入っているもの、光沢のないマットな素材、ファブリック、ナチュラルなかごなどをオススメします。和洋どちらにも、しっくりくるでしょう。

西陣織で描かれたゼブラ柄のトート。カジュアルなのに上品。（菱屋カレンブロッソ）

竹の取っ手に麻100%の刺繍バッグ。ゆるやかなラインが涼しげ。（きよかなきもの）

網代《あじろ》編みしたマタタビのかご。明るくさわやかな色が魅力的。（かごや）

花兎《はなうさぎ》柄と革の組み合わせのクシュクシュトート。名前が愛らしい。（菱屋カレンブロッソ）

献上柄の博多織を使ったバッグ。大人っぽく、かっこよく持てます。（菱屋カレンブロッソ）

コラボ 和装工芸かごや×君野倫子

かごやさんとコラボした山ぶどうのかご「まちこ」。夏だけでなくかごを持ってほしいから、秋冬バージョンを作りました。内布を出したり、別添えの毛糸をかぶせたりと、いろんな表情が楽しめます。

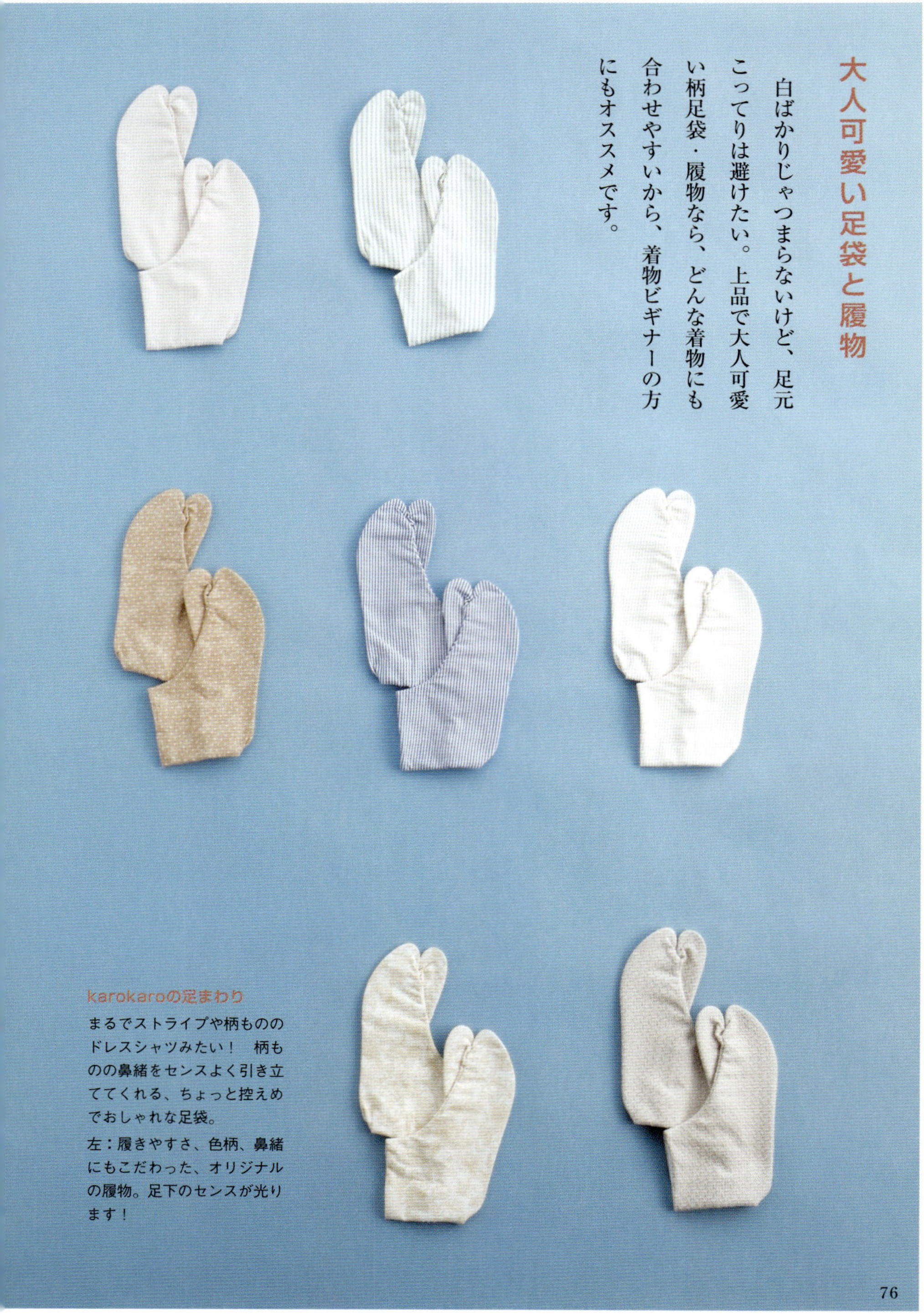

大人可愛い足袋と履物

白ばかりじゃつまらないけど、足元こってりは避けたい。上品で大人可愛い柄足袋・履物なら、どんな着物にも合わせやすいから、着物ビギナーの方にもオススメです。

karokaroの足まわり

まるでストライプや柄もののドレスシャツみたい！　柄ものの鼻緒をセンスよく引き立ててくれる、ちょっと控えめでおしゃれな足袋。

左：履きやすさ、色柄、鼻緒にもこだわった、オリジナルの履物。足下のセンスが光ります！

＊上段＝「台」、中段＝「形」、下段＝「鼻緒」

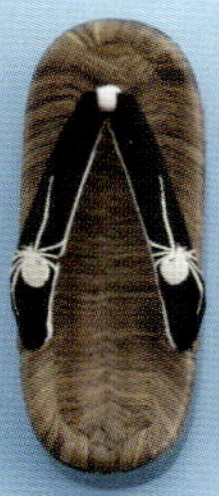

畳表（からす）
舟形
蜘蛛の刺繍

畳表
右近
梅柄／古布

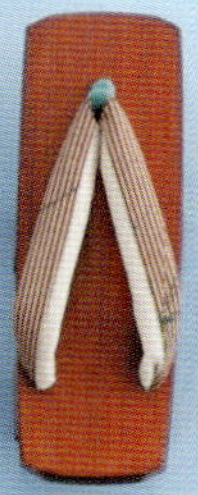

春慶塗り
芳町
縞柄／古布

藤色塗り
舟形
桃色／古布

ゴマ竹
右近
麻の葉柄／古布

赤塗り
舟形
斜め縞柄／古布

片縞塗り
角切
細市松柄／古布

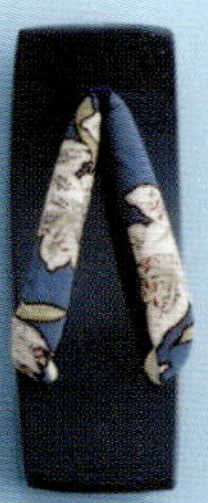

紺塗り
三味
百合柄／古布

天白巻黒
舟形
綿刺繍

白木
三味
紫小花柄／古布

抹茶
右近
濃緑立涌柄／古布

黄縞
芳町
変わり格子柄

コラボ 久我友紀×君野倫子

オーガニックコットンのレースを使った半衿。肌触りがよくて、首にあたっても優しい。もめんの着物と相性がいいのはもちろん、生成りはどんな色にも合わせやすくて、デイリーに使えそう。

肌に優しいオーガニックコットン

私は、裾や衿が擦れると肌が赤くなってしまう敏感肌です。そのため、オーガニックコットンの肌襦袢があるといいのになと思ったのがきっかけで、デザイナーの久我友紀さんと一緒に作りました。

久我さんは、三代続く婦人服オーダー店のデザイナー。シルクやオーガニックコットンのウェディングドレスなども手がけています。

デザインも可愛くて、着やすくて、肌にも優しくて、着ているだけでうれしくなるような肌襦袢です。

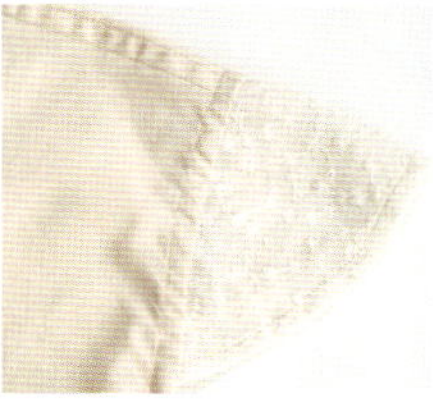

きれいなレースの袖。肩の縫い目は丁寧に重ね縫い、脇は袋縫いで仕立ててあります。

コラボ 上がオーガニックコットン100%の綿ローン、下がキュプラ100%。カシュクールブラウスのようなデザイン。とにかく、肌に触れると優しくて気持ちいい！　普段はさらしの肌襦袢を愛用していて、そんなに違いを感じるかしら？と思ったけれど、大違いでした。身体にすっとなじんで、裾さばきもよく、大切にしたくなる肌襦袢です。

コラボ ステテコと呼ばずに「ドロワーズ」と呼びましょう。オーガニックコットン100%の綿ローン。裾のレースが女の子らしくて。ゆったりサイズでローライズです。

久我さんの作った、気心地よさそうで乙女な、オーガニックコットンのウェディングドレス。

Column 5

産地のはなし

江戸時代初期、上流階級は絹を着て、庶民はおもに麻を着ていました。日本でも綿の栽培ができるようになり、庶民の生活に普及したのは江戸時代中期。おもに実用着として着られていましたが、日常に着物を着なくなるにつれて、もめんの着物は衰退していきました。

現在は、日本にたくさんのもめん着物の産地があることさえ知る人が少なくなり、多くの産地の織元は最後の1軒というのが現状です。

日本の大切な伝統工芸の灯りを消さないためにも、もめんの着物の魅力を多くの人に知ってもらい、着てほしいと願っています。

●出羽木綿（山形県）
ジーンズのような、しっかりとした厚手で丈夫な織り上がり。

●会津木綿（福島県）
生地はやや厚手、強くしわになりにくくて丈夫。

●館林木綿（群馬県）
細い糸でしっかり織りこんであり、軽くさらっとした風合い。少し暑く感じる春先や秋口にも。

●川越唐桟《とうざん》（埼玉県）
極細の糸で織られ、絹と間違えるほどのしなやかさ。

●館山唐桟（千葉県）
県の指定無形文化財。唐桟縞と呼ばれる、絶妙な色合いの粋な縞。

●片貝木綿（新潟県）
3種類の太さの違う糸を用いて織られ、風合いがよいのが特徴。もめんの中でも裾さばきがよい。

●伊勢木綿（三重県）
上質な単糸で織られているため、やわらかで、しわになりにくい。糸の太さによって生地の厚さが違うので、浴衣から冬物までいろいろ種類が豊富。

●弓浜絣（鳥取県）
伯州綿《はくしゅうめん》と呼ばれる独特な綿で織られ、素朴な絵絣が特徴。

●保多織《ぼたおり》（香川県）
通気性や吸水性にすぐれた織物で、ワッフル地のような肌触り。

●阿波しじら（徳島県）
表面に凹凸があって、さらっとしているため、浴衣や夏の着物にぴったり。

●久留米絣（福岡県）
重要無形文化財に指定されていて、織りで柄を表現できる代表的なもめん。

●薩摩絣（宮崎県）
着物を着尽くした人がたどり着くといわれる、もめんの最高峰。大島紬と同じ技法で織られている。

4章

買い方とお出かけ案内

もめんの着物の買い方・ショップから、お出かけ先の情報まで（お出かけ先は東京近辺を中心に取り上げています）。もう「着物でお出かけするところがない」なんて言わせません。

もめんの着物はどこで買う?

もめんの着物はどこで買う?

もめんの着物は、昔は普段着、しかも実用着として着ていたものなので、リサイクルショップやお下がりの中に見つけることはなかなか難しいのが現実です。だからといって、街の呉服屋さんに行って、いきなり「もめんの着物ありますか?」ときりだすのも勇気がいりますよね。そのせいか、「もめんの着物ってどこで買えるの?」とよく聞かれます。

そんな方のために、86-87ページにもめんの着物を扱っているお店のリストをあげましたので、参考にしてみてください。

お店で買う

実店舗のあるお店には、ぜひ足を運んでいただいて、実際にどんな手触りなのか、サイズや色柄など、どんな着物が自分に合うのか、いろいろ相談してみることをオススメします。実物を見ながらの買い物が一番安心であることは、言うまでもありません。

一方、ネットショップでは、手に取って見比べてみることはできませんが、着物の選択肢はぐっと増えます。また、最近は、お願いすると生地見本を送ってくれるところもあります。着物をネットで買うのは不安という方も多いかもしれませんが、不安なことはショップの方にどんどん聞いて、ぜひお気に入りの1枚を見つけてください。

織元を訪ねてみる

また、もし「この産地のもめん着物がほしい」と思ったら、どこで手に入るか、織元《おりもと》に直接、問い合わせてみるのもよいかもしれません。87ページでは、織元の連絡先を掲載していますので、こちらも参考にしてください。

事前に連絡を入れておくと、工房などを見学させてくださる織元もあります。産地の現状を知るだけでなく、素晴らしい仕事ぶりや作り手の顔が見えることで、きものに対しての愛着もさらにわくでしょう。小旅行気分で出かけてみてはいかがでしょうか?

着物を買うときの自分のサイズの測り方

着物を買う場合、誂えと仕立上がりのプレタとあります。実店舗で買う場合は、お店の方が細かい採寸をしてくれますが、ネットショップで買う場合は、プレタが多いので、自分のサイズを知っておきたいものです。

必ず必要なのは「裄」と「着《き》丈《たけ》」の二つのサイズです。

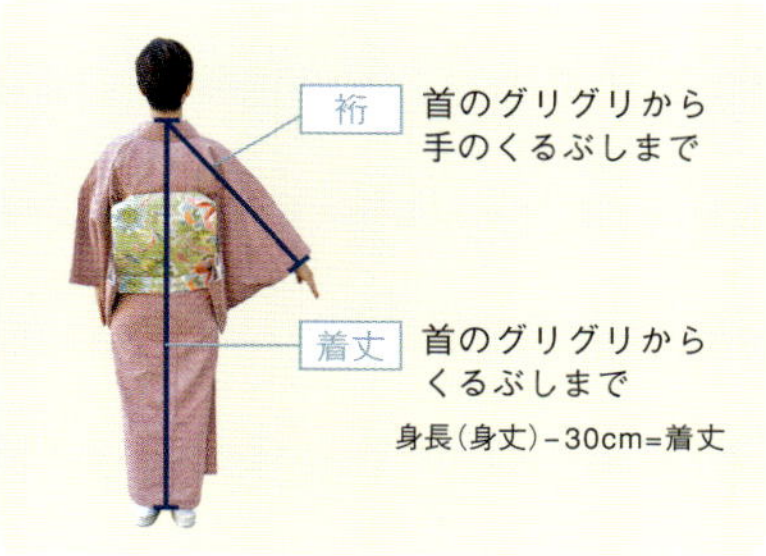

プレタは、お店にもよりますが、S、M、L、TL（トール）と洋服のようにサイズがあり、そこから自分のサイズを選ぶだけなので簡単です。お値段も、着物代＋送料とわかりやすいです。

ちなみに、もめんの着物のプレタのお値段は、安いもので1万円台前半から、主流は2～3万円ぐらいです。

また誂えの場合は、ネットショップでも身長、トップバスト・ヒップ・ウエストからくるぶしまでの長さを伝えると、細かいサイズを計算してぴったり合うように仕立ててくれます。

袖丈についてですが、最近は、プレタなどは49cmが一般的です。お持ちの襦袢の袖丈に合わせると、着物と襦袢の袖丈が合わないというストレスはなくなります。また、お好みの長さの袖丈に合わせて、うそつき襦袢の替え袖を作るという方法もあります。

着物を誂えるときに必要な費用

ネットショップで着物を誂えるときには、次の代金が必要になります。

反物 ＋ 仕立代 ＋ 送料
生地
手縫い、またはミシン縫い

オプションとして、居敷当《いしきあ》てや水通し、もしくは湯通しをすすめられることもあります。

居敷当ては、お尻の部分の強度を強くするためにつけるものです。どうしてもつけなくてはいけないものではありません。

水通しや湯通しは、水やお湯を通すことで、反物についている糊を落としたり、反物の地を整えたりすること。この作業をすることで、1回目のお洗濯での縮みを軽減してくれます。木綿の種類によって適した作業があるので、お店の人に相談しましょう。

もめんの着物Q&A

Q. もめんは洗うと、どれくらい縮みますか？

A. もともと、もめんは洗うと縮む素材です。織りが密なほうが縮みにくく、もめんの種類や産地によっても縮む率は違います。そのため、お店で水通しや湯通しを済ませてもらっても、最初は洗うたびに多少縮むと思います。どのくらい縮むか、仕立てる前に確認しておくと安心です。

Q. 洗うときは、どんな洗剤がよいのでしょう？

A. おしゃれ着洗い用の中性洗剤を使いましょう。最近の洗剤は、漂白剤、蛍光剤などが最初から混ぜてあるものが多いので気をつけましょう。

Q. 毎回、アイロンをかける必要はありますか？

A. たたみしわ程度なら、アイロンでなくても霧吹きを吹いてパンパンたたけば、しわは伸びます。洗濯したときも同様、ある程度のしわはよくたたけば伸びます。

Q. もめん着物を収納する際の注意点を教えてください。

A. 絹ものは虫がつきませんが、もめん・麻・ウールは虫がつきます。長期保存する場合は、防虫剤を入れて、できれば絹ものと一緒に収納するのは避けましょう。

Q. 藍染めの着物は色落ちしますか？

A. 藍染《あいぞ》めの着物は、仕立てる前に呉服屋さんで藍留め加工をしてもらいます。しかし、藍留め加工をしても、藍の色落ちは、ある程度、藍が落ち着くまでは藍染めの宿命だと私は思っています。

たとえば、汗をかいたときの着物と帯、着物の裾と足袋の摩擦は、色移りすることが多いです。「藍留め加工したはずなのに！」と目くじらをたてず、それもまた藍染めの特徴だと心得て付き合っていきましょう。

昔は、藍染めの浴衣の反物などは、家で1年寝かせたといいます。自然に酸化させることで、藍を落ち着かせるためなのだそうです。

Q. もめんの袷仕立てはないのですか?

A. ほとんどのもめんの着物は単仕立てです。しかし、もめんを袷に仕立てるのがダメなわけではありません。もめんを袷仕立てにすると多少重くなりますが、もちろん暖かくなります。

しかし、もめんはどうしても洗うと縮みます。袷に仕立ててしまうと、表生地と裏生地との収縮率の差が出て、縫い目につれが出てしまうこともあります。そうなると、もめんであっても、袷ならお手入れはクリーニングに出すことに。

逆に、お手入れはクリーニングという方は、袷仕立てもよいのではないでしょうか。

Q. もめんの着物は、冬も着られますか?

A. かなり厚手の生地のものもありますし、下着や羽織るもので調整すれば、冬でも暖かく着られるものもあります。

Q. もめんの帯は洗えますか?

A. 帯は帯芯《おびしん》を入れて仕立ててあります。帯芯には絹ともめんがありますが、表のもめん地と帯芯の伸縮率が違うので、洗うとズレが出てしまいます。

汚れてしまったら、固く絞ったタオルで汚れをたたき出しましょう。もめんの帯のしわは、当て布をしてアイロンをかけて伸ばします。

Q. もめんの半衿はどんな着物に合いますか?

A. カジュアルな着物であれば、絹の小紋や紬、もめん、ポリエステル、ウールなど、どんな着物にも合うと思います。15cm×110cmくらいの大きさがあれば、古布、好きなコットン生地、レースなどで手作りすることも可能です。色柄や素材感でコーディネートを楽しみましょう。

逆に、金糸銀糸が入っていなければ、絹の半衿をもめんの着物に合わせても問題はありません。

もめんの着物が買える店 &産地の織元

もめんの着物が買える店

あいづのハイカラさん
福島県会津若松市七日町2-37
☎0242-27-2433
http://www.rakuten.co.jp/aizu/

浅草きもの市
大阪府大阪市阿倍野区松崎町2-8-22
☎06-6628-0235
http://www.rakuten.ne.jp/gold/asakusa1393/

浅野屋呉服店
岐阜県関市本町3-28
☎0575-22-0558
http://www.rakuten.co.jp/asanoya/

あめんぼう
埼玉県戸田市下戸田2-18-11
☎048-441-3664
http://www.menz-kimono.com

awai
東京都港区六本木4-5-7
☎03-5770-6540
http://www.awai.jp/

男の着物　アッパース
東京都中央区佃1-9-6·2F
☎03-3536-0105
http://www.appers.jp/

男のきもの　えいたろう屋
京都府京都市中京区三条通烏丸西入北側　文椿ビルヂング1階東南角
☎075-211-2255
http://www.eitarouya.com/

KIMONO GALLARY 晏《あん》
香川県高松市天神前8-23
☎087-833-3960
http://www.kimono-an.com

キモノ仙臺屋《せんだいや》本店
宮城県仙台市太白区山田北前町1-25
☎022-243-1583
http://www.rakuten.co.jp/sendaiya/

きもの　ほの香
京都府京都市北区大北山原谷乾町112-40
http://www.rakuten.co.jp/kimonohonoka/

きもの・まるとも
栃木県足利市助戸仲町818
☎0284-41-1285
http://www.rakuten.co.jp/marutomo

キモノ・モダン
http://www.kimonomodern.com
info@kimonomodern.com

きもの　楽（池内呉服店）
大阪府八尾市本町5-7-9
☎072-922-2252
http://www.rakuten.co.jp/kimono-raku/

ゴフクヤサンドットコム 居内商店
大阪府大阪市中央区船場中3船場センタービル7号館2階
☎06-6251-6611
http://gofukuyasan.com/

仕立　一衣舎《いちえや》
東京都練馬区豊玉北1-12-1
☎03-3557-4553
http://www.kt.rim.ne.jp/~ichieya

染織工房勝部
岡山県真庭市下中津井2824
http://kosode.cool.ne.jp/

染織こだまS
宮崎県宮崎市橘通東4-3-8
☎0985-24-7183
http://someorikodamas.com/

創作着物と帯の専門店マルトヤ
愛知県名古屋市中区新栄1-5-10
☎052-262-5638
http://www.kimono-shop.co.jp

◎館山唐桟
唐桟織
千葉県館山市長須賀48 斉藤裕司
☎0470-23-1509
http://www.awa.or.jp/home/boshu/tozan/

◎片貝木綿
紺《こん》仁《に》
新潟県小千谷市片貝町4935
☎0258-84-2016
http://konni-aizome.com/

◎伊勢木綿
臼井織布
三重県津市一身田大古曽67
☎059-232-2022
http://www.smmnet.jp/isemomen/

◎弓浜絣
鳥取県弓浜絣協同組合
鳥取県境港市麦垣町86　弓浜がすり伝承館内
☎0859-45-0926

◎保多織
岩部保多織本舗
香川県高松市磨屋町8-3
☎087-821-7743
http://www.botaori.com/

◎久留米絣
久留米絣協同組合
福岡県久留米市東合川町5-8-5
☎0942-44-3701

◎薩摩絣
東郷織物
●NAギャラリー
宮崎県都城市鷹尾4-15-4
☎0986-21-3153

●東郷織物工場
宮崎県都城市天神町3-6
☎0986-22-1895
http://www.togo-orimono.com/

染のつかもと
千葉県匝瑳市八日市場イ-73-3
☎0120-175055
http://www.jptrad.com

つゆくさ
愛知県名古屋市中区橘2-6-22
☎052-331-2170
http://tsuyukusa.co.jp/

ぬくもり工房
静岡県浜松市東区半田山2-24-3
☎053-489-4760
http://www.rakuten.ne.jp/gold/nukunuku/

ハイムラヤ
徳島県徳島市問屋町9
☎088-622-4779
http://www.rakuten.co.jp/haimuraya/

もめん産地の織元

◎会津木綿
原山織物工場
福島県会津若松市日吉町4-25
☎0242-27-0342
http://www6.ocn.ne.jp/~harayama

山田織元
福島県会津若松市七日町11-5
☎0242-22-1632
http://www.aizu.com/org/aizu/yamada/

◎川越唐桟
※現在、生産を終了しているため、在庫のみを下記の2軒の呉服屋さんで販売しています。

呉服笠間
埼玉県川越市仲町5-10
☎049-222-1518
http://park10.wakwak.com/~kasama/

呉服かんだ
埼玉県川越市幸町3-1
☎049-222-1235
http://www.kawagoe.com/kanda/
http://www.rakuten.co.jp/wasou-kanda/
※2009年2月～4月頃まで店舗は改装中。ネットショップは営業しています。

着物でお出かけ おすすめスポット

＊情報やデータは2009年2月現在のものです。変更がある場合もありますので、お出かけの際はご注意ください。
＊交＝交通アクセス（代表的な行き方のみを記しています）／開・営＝開園・開館または営業時間／休＝休園・休館・休業日／料＝料金（一般的な大人の料金のみを記しています。無料の場合は特に記載していません）

お花見

氷室椿庭園の椿
神奈川県茅ヶ崎市東海岸南3-2-41
☎0467-82-2823
交 JR茅ヶ崎駅南口徒歩20分／開 9:00〜17:00／休 月曜（祝日の場合は翌日）、年末年始、3月は無休
http://www.city.chigasaki.kanagawa.jp/newsection/kouen/html/himuro.html

吉野梅郷の梅
＊2月下旬〜3月下旬に、紅梅白梅合わせて2万5千本が咲き競う関東一の梅の里。
東京都青梅市梅郷４丁目
☎0428-24-2481（青梅市観光協会事務局）
交 JR日向和田駅徒歩10分
http://www.omekanko.gr.jp/ume/

京王百草園《もぐさえん》の梅
＊江戸時代から続く庭園に約800本の梅が咲き、特に樹齢300年を越す寿昌梅は見事！　紅葉も有名。
東京都日野市百草560
☎042-591-3478
交 京王線百草園駅徒歩10分、聖蹟桜ヶ丘駅・高幡不動駅からタクシー10分／開 9:00〜17:00（11・12月は16:30）／休 水曜（催し物開催期間は無休）、年末年始／料 300円
http://www.keio.co.jp/area/mogusaen/

湯島天満宮の梅
＊学問の神様を祭る境内に、白梅を中心に300本の梅が咲きます。
東京都文京区湯島3-30-1
☎03-3836-0753
交 地下鉄湯島駅徒歩2分／開 6:00〜20:00
http://www.yushimatenjin.or.jp/pc/

浜《はま》離《り》宮《きゅう》恩《おん》賜《し》庭園の菜の花
＊徳川将軍家ゆかりの庭園。3月〜4月下旬には、30万本の菜の花がまるで黄色いじゅうたんのよう！
東京都中央区浜離宮庭園
☎03-3541-0200（浜離宮恩賜庭園サービスセンター）
交 地下鉄築地市場駅、地下鉄・ゆりかもめ汐留駅徒歩7分／開 9:00〜17:00（入園は16:30）／休 年末年始／料 300円
http://www.tokyo-park.or.jp/park/format/outline028.html

千鳥ヶ淵緑道の桜
＊皇居のお堀沿いの遊歩道を桜が埋め尽くします。ライトアップされた夜が特にきれい。
東京都千代田区九段南2丁目〜三番町2
☎03-3292-5530（千代田区観光協会）
交 地下鉄九段下駅徒歩5分

染井霊園のソメイヨシノ
＊霊園なので静かに散策しましょう。車での来園と夜間の園内への立ち入りはご遠慮願います。
東京都豊島区駒込5-5-1
☎03-3918-3502（染井霊園管理所）
交 JR・地下鉄巣鴨駅徒歩10分
http://www.tokyo-park.or.jp/park/format/index074.html

六義園《りくぎえん》の紅《べに》枝《し》垂《だれ》桜
＊見頃は3月末頃。紅葉スポットとしても有名です。
東京都文京区本駒込6丁目
☎03-3941-2222（六義園サービスセンター）
交 JR・地下鉄駒込駅徒歩7分／開 9:00〜17:00（入園は16:30）、イベント期間中延長あり／休 年末年始／料 300円
http://www.tokyo-park.or.jp/park/format/index031.html

小石川後楽園の枝垂桜
東京都文京区後楽1-6-6
☎03-3811-3015（小石川後楽園サービスセンター）
交 都営大江戸線飯田橋駅徒歩2分／開 9:00〜17:00（入園は16:30）／休 年末年始／料 300円
http://www.tokyo-park.or.jp/park/format/index030.html

根津神社のつつじ
＊つつじまつり期間中は植木市や露天が並び、土日

交 JR千葉駅より蘇我駅東口行きバスで約15分、北星久喜下車5分／開 9:00〜17:15／休 月曜（祝日の場合は翌日）、年末年始
http://www.cga.or.jp/004023/

小岩菖蒲園の花菖蒲
＊江戸川の河川敷に、5〜6月にかけて5万本の花菖蒲！ JR小岩駅からバス便も。
東京都江戸川区北小岩4丁目先（江戸川河川敷内）
☎03-3678-6120（江戸川区環境促進事業団施設第3課）
交 京成電鉄江戸川駅徒歩5分
http://www.city.edogawa.tokyo.jp/sec_jigyodan/sec_kouen/koiwa.html

水元公園の花菖蒲
＊水郷沿いに広がる都内最大の菖蒲園。
東京都葛飾区水元公園・東金町5・8丁目
☎03-3607-8321（東京都水元公園管理事務所）
交 JR常磐線金町駅から戸ヶ崎操車場行きバスで10分、水元公園下車徒歩7分
http://www.kensetsu.metro.tokyo.jp/toubuk/mizumoto/index_top.html

成就院の紫陽花
＊境内に、般若心経の文字数と同じ262株が植えられています。
神奈川県鎌倉市極楽寺1-1-5
☎0467-22-3401
交 江ノ電極楽寺駅徒歩5分／開 8:00〜16:30（境内のみ）
http://www5e.biglobe.ne.jp/~jojuin/

長谷寺の紫陽花
神奈川県鎌倉市長谷3-11-2
☎0467-22-6300
交 江ノ電長谷駅徒歩5分／開 8:00〜17:00（10月〜2月は16:30）／料 300円（宝物館100円）
http://www.hasedera.jp/

白山神社の紫陽花
東京都文京区白山5-31-26
交 都営三田線白山駅徒歩2分

高幡不動尊金剛寺の紫陽花
東京都日野市高幡733
☎042-591-0032

祭日は和太鼓の奉納などでにぎやか！
東京都文京区根津1-28-9
☎03-3822-0753
交 地下鉄根津駅・千駄木駅・東大前駅徒歩5分／開 4月上旬から5月上旬のつつじまつり期間中9:30〜17:30（つつじ苑）／休 期間中無休／料 つつじ苑は200円（寄進料として）
http://www.nedujinja.or.jp/

西新井大師のぼたん
＊「西の長谷寺、東の西新井」と呼ばれるぼたんの名所。見頃は4月中旬〜下旬。
東京都足立区西新井1-15-1
☎03-3890-2345
交 東武大師線大師前駅徒歩5分／開 4:00〜20:00（境内）、9:00〜17:00（お守り売場）
http://www.nishiaraidaishi.or.jp/

薬王院のぼたん
東京都新宿区下落合4-8-2
☎03-3951-4324（開花状況のご質問はご遠慮ください）
交 西武新宿線下落合駅徒歩5分／開 9:00〜17:00
http://www.yakuouin.or.jp/

上野東照宮ぼたん苑のぼたん
東京都台東区上野公園9-88（上野動物園隣り）
☎03-3822-3575
交 JR上野駅公園口徒歩5分／開 冬ぼたん…1月1日〜2月中旬の9:30〜16:30、春ぼたん…4月中旬〜5月上旬の9:00〜17:00／休 期間中無休／料 600円
http://www.uenotoushougu.com/

亀戸天神社の藤
＊見頃は4月下旬〜5月上旬。期間中はライトアップされて荘厳な雰囲気です。
東京都江東区亀戸3-6-1
☎03-3681-0010
交 JR亀戸駅・錦糸町駅徒歩15分
http://www.kameidotenjin.or.jp/

本郷給水所公苑のバラ
東京都文京区本郷2-7
☎03-5803-1252（文京区役所みどり公園課）
交 JR・地下鉄御茶ノ水駅7分／開 7:00〜19:00（10月〜3月は9:00〜17:00）／休 12月28日〜1月4日

千葉市都市緑化植物園のバラ
＊四季を通じて様々な花が楽しめますが、中でもバラ園が人気です。
千葉県千葉市中央区星久喜町278
☎043-264-9559

月〜4月は9:00〜16:30、5月〜8月は9:00〜17:00（いずれも入園は16:00）／休 月曜（祝日の場合は翌日）、祝日の翌日、年末年始、その他臨時／料 300円
http://www.ins.kahaku.go.jp/

骨董市

香取神社　骨董市
埼玉県越谷市大沢3-13-38　香取神社境内
☎048-875-5156
交 東武伊勢崎線北越谷駅徒歩4分／開 毎月第2土曜日の7:00〜16:00

新井薬師アンティークフェア
＊都内でも歴史ある骨董市。質の高い時代着物、古布などが充実しています。
東京都中野区新井5-3-5　新井薬師境内
交 西武新宿線新井薬師駅徒歩5分／開 毎月第１日曜日の5:00〜15:30

富岡八幡宮骨董市
東京都江東区富岡1-20-3　富岡八幡宮境内
交 地下鉄門前仲町駅徒歩3分／開 毎月第1（1月は除く）・第2・第4日曜日の6:00〜17:00（15日、28日は休み）

東郷の杜　能美の市
東京都渋谷区神宮前1-5-3　東郷神社境内
交 JR原宿駅徒歩3分／開 毎月第1日曜日の5:00〜15:00

乃木神社　古民具骨董市
東京都港区赤坂8-11-27
☎090-3315-4929
交 地下鉄乃木坂駅徒歩1分／開 毎月第2日曜日の6:00〜15:30（雨天中止）

町田天満宮　がらくた市
＊着物、古布のお店が多いことで有名です。ほかに古民具、建具、昔玩具なども楽しい。
東京都町田市原町田1-21-5　町田天満宮境内
交 JR町田駅徒歩5分／開 毎月1日の7:00〜16:00（1月と11月は変更になる可能性あり）

布多神社古民具骨董市
東京都調布市調布ケ丘1-8-1　布多天神社境内
交 京王線高幡不動駅徒歩2分
http://www.takahatafudoson.or.jp/

国営昭和記念公園のコスモス
＊一年中様々な花が楽しめます。コスモスは30万本の「花畑」と80万本の「コスモスの丘」の2か所で。
東京都立川市緑町3173
☎042-528-1751（公園緑地管理財団昭和管理センター）
交 JR青梅線西立川駅徒歩2分／開 3月〜10月は9:30〜17:00、11月〜2月は9:30〜16:30／休 年末年始、2月の第4月曜とその翌日／料 400円
http://www.ktr.mlit.go.jp/showa

向島百花園の萩
＊30mにわたる萩のトンネルが有名。見頃は9月。
東京都墨田区東向島3-18-3
☎03-3611-8705（向島百花園サービスセンター）
交 東武伊勢崎線東向島駅徒歩8分／開 9:00〜17:00（入園は16:30）／休 年末年始／料 150円
http://www.tokyo-park.or.jp/park/format/index032.html

新宿御苑の菊
＊皇室ゆかりの伝統を受け継ぐ菊花壇。紅葉と春の桜も有名な都会のオアシス。
東京都新宿区内藤町11番地
☎03-3350-0151（新宿御苑管理事務所）
交 地下鉄新宿御苑前駅・新宿3丁目駅徒歩5分／開 9:00〜16:00（16:30閉園）／休 月曜（祝日の場合は翌日）、年末年始／料 200円
http://www.env.go.jp/garden/shinjukugyoen/

明治神宮外苑のいちょう並木
＊青山通り口から外苑中央広場円周道路にかけて植えられている146本の街路樹が鮮やかに色づきます。
東京都新宿区霞ヶ丘町・港区北青山
☎03-3401-0312（明治神宮外苑総務部）
交 地下鉄青山一丁目駅・外苑前駅徒歩5分
http://www.meijijingugaien.jp/

国立科学博物館付属自然教育園の紅葉
＊広大な園内に、武蔵野の面影を残す雑木林が広がっています。
東京都港区白金台5-21-5
☎03-3441-7176
交 地下鉄白金台駅徒歩4分、JR目黒駅徒歩7分／開 9

http://www.ntj.jac.go.jp/kokuritsu/

落語

◎定席

上野・鈴本演芸場

東京都台東区上野2-7-12
☎03-3834-5906
交　地下鉄上野広小路駅徒歩1分／営　［昼の部］12:30開演16:30終演予定［夜の部］16:40開演21:00終演予定／料 2800円（通常時）
http://www.rakugo.or.jp/

浅草演芸ホール

東京都台東区浅草1-43-12（六区ブロードウェイ商店街中央）
☎03-3841-6545/03-3841-8126
交　つくばエクスプレス浅草駅すぐ／営　［昼の部］11:40～16:30［夜の部］16:40～21:00（通常時）／料 2500円（通常時）
http://www.asakusaengei.com/

池袋演芸場

東京都豊島区西池袋1-23-1
☎03-3971-4545
交　JR池袋駅徒歩3分／営 上席（1～10日）・中席（11～20日）［昼の部］12:30～16:30［夜の部］17:00～20:30・下席（21～30日）［昼の部］14:00～17:15［夜の部］18:30～21:00／料 1～20日は2500円
※浴衣＆着物だと昼夜とも2000円。21～30日は昼の部は2000円、夜の部は日毎に料金が変わる。
http://www.ike-en.com/

◎その他

国立演芸場

東京都千代田区隼町4-1
☎03-3265-7411（代表）
交 地下鉄永田町駅徒歩5分
http://www.ntj.jac.go.jp/engei/

お江戸上野広小路亭

東京都台東区上野1-20-10上野永谷ビル（上野松坂屋向）
☎03-3833-1789
交 地下鉄上野広小路駅・上野御徒町駅徒歩1分
http://www1.odn.ne.jp/~engeijou/ueno.html

お江戸日本橋亭

東京都中央区日本橋本町3-1-6日本橋永谷ビル1F
☎03-3245-1278
交 地下鉄三越前駅・JR新日本橋駅徒歩2分
http://www1.odn.ne.jp/~engeijou/nihonbashi.html

交 京王線調布駅徒歩5分／開 毎月第2日曜日の7:00～16:00

高幡不動ござれ市

＊たくさんのお店が出る中で、特に着物のお店が多いです。高幡不動尊の建物もすばらしい。
東京都日野市高幡733　高幡不動尊境内
交　京王線高幡不動駅徒歩2分、多摩都市モノレール高幡不動駅徒歩3分／開 毎月第3日曜日の7:00～16:00

やまとプロムナード古民具骨董市

神奈川県大和市　大和駅東西プロムナード
交　小田急江ノ島線・相鉄線大和駅すぐ／開　毎月第3土曜日の6:00～16:00

骨董ジャンボリー

＊アンティークきものショップの出店多数あり。
東京都江東区有明3-21-1　東京ビッグサイト
☎0120-817-510（骨董ジャンボリー実行委員会）
交　ゆりかもめ国際展示場正門駅徒歩3分／開　毎年夏と冬の2回、3日間
http://home.att.ne.jp/sun/jambokun/antique/

アンティークフェアin新宿

＊アンティーク着物ショップの出店多数あり。
東京都新宿区西新宿2-7-1新宿第一生命ビル
交　JR新宿駅徒歩7分／開　毎年5月頃･10月頃の2回、それぞれ3日間
http://www.antique-stage.com/

大江戸骨董市

＊銀座にお買い物に行ったついでにぜひ。
東京都千代田区丸の内3-5-1　東京国際フォーラム1階地上広場
☎03-6407-6011（大江戸骨董市実行委員会事務局（株）クレド内）
交 JR有楽町駅徒歩1分／開 毎月第1･第3日曜日の9:00～16:00
http://antique-market.jp/jp/

歌舞伎

新橋演舞場

東京都中央区銀座6-18-2
☎03-3541-2600
交 地下鉄東銀座駅・築地市場駅徒歩5分
http://www.shochiku.co.jp/play/enbujyo/

国立劇場

東京都千代田区隼町4-1
☎03-3265-7411（代表）
交 地下鉄半蔵門駅徒歩5分

交 地下鉄竹橋駅徒歩8分／開 10:00〜17:00／休 月曜（祝日の場合は翌日）、展示替期間、年末年始／料 200円（企画展は別途）
http://www.momat.go.jp/CG/cg.html

旧前田侯爵邸洋館
東京都目黒区駒場4-3-55　駒場公園内
☎03-5320-6862（東京都教育庁地域教育支援部管理課文化財保護係）
交 井の頭線駒場東大前駅徒歩12分／開 9:00〜16:30（和館は16:00）／休 土・日・祝日のみ開館（和館は月曜のみ休館）

自由学園　明日館
＊フランク・ロイド・ライト設計の校舎は、レトロモダンな空間。昼間、夜間と見学できます。
東京都豊島区西池袋2-31-3
☎03-3971-7535
交 JR池袋駅徒歩5分／開 見学時間10:00〜16:00、毎月第3金曜18:00〜21:00、休日見学（月1回特定日）10:00〜17:00／休 月曜（祝日の場合は翌日）、年末年始、土日祝日は要問い合わせ／料 見学のみ400円、喫茶付600円
http://www.jiyu.jp/

山手西洋館（全7館）

ベーリック・ホール

◎山手111番館
神奈川県横浜市中区山手町111
☎045-623-2957
交 みなとみらい線元町中華街駅徒歩7分／開 9:30〜17:00（7、8月は18:00）／休 第2水曜（祝日の場合は翌日）、年末年始

◎横浜市イギリス館
神奈川県横浜市中区山手町115-3
☎045-623-7812
交 みなとみらい線元町中華街駅徒歩７分／開 9:00〜22:00（見学時間は9:30〜17:00、7·8月は18:00）／休 第4水曜（祝日の場合は翌日）、年末年始

◎山手234番館
神奈川県横浜市中区山手町234-1
☎045-625-9393
交 みなとみらい線元町中華街駅徒歩10分／開 9:30

お江戸両国亭
東京都墨田区両国4-30-4両国武蔵野マンション1F
本所警察署隣
☎03-3833-1789（上野広小路亭）
交 JR・地下鉄両国駅徒歩5分
http://www1.odn.ne.jp/~engeijou/ryougoku.html

新宿永谷ホール
東京都新宿区歌舞伎町2-45-5新宿永谷ビル1F
☎03-3232-1251
交 西武新宿線西武新宿駅徒歩1分
http://www1.odn.ne.jp/~engeijou/shinzyuku.html

西洋館・古民家

江戸東京たてもの園
＊江戸時代から昭和初期までの27棟の建物が復元・展示されています。
東京都小金井市桜町3-7-1　都立小金井公園内
☎042-388-3300
交 JR武蔵小金井駅・西武新宿線花小金井駅よりバス5分、徒歩5分／開 9:30〜17:30、10〜3月は〜16:30（入園は閉園時間の30分前まで）／休 月曜（祝日または振替休日の場合はその翌日）、年末年始／料金 400円
http://www.tatemonoenn.jp/

日本民藝館
＊都内私立美術館では2番目に古く、建物自体が有形文化財に指定されています。空間がとても魅力的。
東京都目黒区駒場4-3-33
☎03-3467-4527
交 京王井の頭線駒場東大前駅徒歩7分／開 10:00〜17:00／休 月曜（祝日の場合は翌日）、展示替期間、年末年始／料 1000円
http://www.mingeikan.or.jp/

旧岩崎邸庭園
東京都台東区池之端1-3-45
☎03-3823-8340（旧岩崎邸庭園サービスセンター）
交 地下鉄湯島駅徒歩3分／開 9:00〜17:00（入園は16:30）／休 12月29日〜1月1日／料 400円
http://www.tokyo-park.or.jp/park/format/index035.html

東京国立近代美術館工芸館（旧近衛師団司令部庁舎）
＊重要文化財に指定されている明治洋風レンガ造り建築物。内部は工芸館として活用されています。
東京都千代田区北の丸公園1-1
☎03-5777-8600（ハローダイヤル）

すもも祭
毎年7月20日
東京都府中市宮町3-1　大國魂神社
☎042-362-2130
交 京王線府中駅徒歩5分
http://www.ookunitamajinja.or.jp/

江戸川区特産金魚まつり
毎年7月海の日の前後2日間
東京都江戸川区北葛西3-2-1
☎03-5662-0539（江戸川区役所産業振興課農産係）
交 地下鉄西葛西駅徒歩10分

川崎大師風鈴市
毎年7月20・21日を含む5日間
神奈川県川崎市川崎区大師町4-48　川崎大師
☎044-266-3420
交 京急大師線川崎大師駅徒歩8分
http://www.kawasakidaishi.com/

福生七夕まつり
毎年8月第1週の木～日曜日
東京都福生市・JR福生駅西口周辺
☎042-551-1511（福生市役所地域振興課）
交 JR青梅線福生駅西口すぐ

阿佐谷七夕祭
毎年8月中の4日間
東京都杉並区阿佐谷南1丁目パールセンター商店街とその周辺
☎03-3312-6181（阿佐谷商店街振興組合）
交 JR阿佐ヶ谷駅南口すぐ
http://www.asagaya.or.jp/

富岡八幡宮例大祭
毎年8月15日前後の数日間。本まつりは3年に1回
東京都江東区富岡1-20-3　富岡八幡宮
☎03-3642-1315
交 地下鉄門前仲町駅徒歩3分
http://www.tomiokahachimangu.or.jp/

麻布十番納涼まつり
毎年8月下旬
麻布十番商店街
☎03-3451-5812（麻布十番商店街振興組合）

～17:00（7、8月は18:00）／休 第4水曜（祝日の場合は翌日）、年末年始

http://www.yamate-seiyoukan.org/
※その他、エリスマン邸、ベーリック・ホール、外交官の家、ブラフ18番館があります。その他のお問い合わせについては（財）横浜市緑の協会、ベーリック・ホール☎045-663-5685までお願いします。

夏まつり

西新井大師風鈴祭
毎年7月中旬～下旬
東京都足立区西新井1-15-1　西新井大師境内
☎03-3890-2345
交 東武大師線大師前駅徒歩5分

入谷の朝顔まつり
＊言問通りにずらりと並ぶ朝顔は、夏の到来を感じさせてくれます。
毎年7月6日～8日
東京都台東区下谷1-12-16　鬼子母神（真源寺）
☎03-3841-1800
交 地下鉄入谷駅徒歩1分、JR鶯谷駅徒歩3分

湘南ひらつか七夕まつり
7月の第1木曜から4日間
神奈川県平塚市・JR平塚駅前商店街付近
交 JR東海道線平塚駅すぐ
http://www.city.hiratsuka.kanagawa.jp/tanabata/

浅草寺ほおずき市 四万六千日
毎年7月9・10日の8:00～21:00
東京都台東区浅草2-3-1　浅草寺
☎03-3842-0181
交 地下鉄各線・東武伊勢崎線浅草駅徒歩5分
http://www.senso-ji.jp/

みたままつり
7月13日～16日
東京都千代田区九段北3-1-1　靖国神社
☎03-3261-8326
交 地下鉄九段下駅徒歩5分
http://www.yasukuni.or.jp/

ツもハンドドリップで入れてくれるコーヒーも美味。
東京都台東区西浅草3-25-11
☎03-5828-0308
交 つくばエクスプレス浅草駅徒歩5分／営 8:00～21:00（月･土･日･祝日は～20:00）／休 年末年始

金魚CAFE
東京都渋谷区代々木1-37-4長谷川ビル1F
☎03-3370-4456
交 JR代々木駅北口徒歩1分／営 11:30～23:00（LO 22:30）／休 日曜、GW･お盆･お正月に連休あり
http://www.kingyo-cafe.com/

月光茶房
＊和とジャズがミックスした大人の空間。カウンターに座って、静かに音楽を。
東京都渋谷区神宮前3-5-2 EFビル B1F
☎03-3402-7537
交 JR表参道駅徒歩5分／営 13:00～23:00／休 日曜・月曜
http://home.catv.ne.jp/ff/pendec/

昼行灯ろびん、赤提灯ろびん
＊昼間は漬物に番茶とおやつ、夜はお酒も。ちゃぶ台を囲んでまったりと。
東京都新宿区岩戸町19
☎03-5261-2813
交 地下鉄牛込神楽坂駅徒歩1分／営 ランチタイムは火～土曜の11:30～14:00、カフェタイムは火～日曜の13:30～17:00、バータイムは火～土曜の18:00～22:30／休 月曜
http://www.aqbee.com/robin

mois cafe（モワ カフェ）
＊懐かしい友達の家に遊びに来たような雰囲気の、昭和レトロな1軒家のカフェ。
東京都世田谷区北沢2-21-26
☎03-3421-1844
交 小田急線・京王井の頭線下北沢駅徒歩2分／営 12:00～23:00（土日祝日は11:30～）／休 無休
http://www.renovationplanning.co.jp/mois/

和カフェ yusoshi《ユソーシ》
＊椅子席とポップな座布団が並ぶお座敷のあるカフェ。オリジナルなメニューもうれしい。
東京都新宿区西新宿1-1-5ルミネ新宿1-6F
☎03-5321-7233
交 JR新宿駅徒歩2分／営 11:00～23:00／休 不定休（ルミネ新宿店に準ずる）

http://www.azabujuban.or.jp/

東京高円寺阿波おどり
＊50年以上の歴史を持ち、1万人の踊り手、120万人の見物客という、本当のお祭り騒ぎを体感！
毎年8月の最終土日 18:00～21:00（変更あり）
東京都杉並区・JR高円寺駅南北商店街と高南通り
☎03-3312-2728（NPO法人東京高円寺阿波踊り振興協会）
交 JR高円寺駅・地下鉄新高円寺駅すぐ
http://www.koenji-awaodori.com/

着物で行きたいカフェ

青家
＊築40年近い民家の店内はモダンなインテリア。和スウィートは手作りで美味です。
東京都目黒区青葉台1-15-10
☎03-3464-1615
交 地下鉄・東急東横線中目黒駅徒歩7分／営 11:30～18:00／休 月曜
http://www.aoya-nakameguro.com/

油あげ
＊谷中にあった体に優しいこだわりのカフェが、2009年3月下旬からお稲荷さんのそばに移転。要注目です。
東京都大田区羽田5-20-6
☎03-3741-0909
交 京急羽田空港線穴守稲荷駅徒歩5分／営 要確認／休 月・木曜（祝日の場合は翌日）
http://yanakacafe.fc2web.com/

神楽坂　茶寮　本店
東京都新宿区神楽坂5-8
☎03-3266-0880
交 地下鉄飯田橋駅・神楽坂駅徒歩4分／営 11:30～23:00（土日祝日は～22:00）／休 無休
http://www.saryo.jp/

花《か》想《そう》容《よう》
＊静かな住宅街の中の、縁側もある一軒家カフェ。着付け教室、お茶会の開催、和雑貨の販売なども。
東京都新宿区下落合2-19-21
☎03-3565-3265
交 JR目白駅徒歩6分／営 11:30～18:30／休 火・水曜、祝日
http://kasoyo.com/

合羽橋珈琲
＊合羽橋道具街を歩き疲れたら、ここ。和スウィー

本書掲載の着物＆小物の問い合わせ先（音順）

珊瑚職人館ー土佐
高知県宿毛市野地1050-1
☎0880-63-1758
http://www.rakuten.ne.jp/gold/sangoya/

しぇんま屋
http://www.shenme-ya.com

つゆくさ
愛知県名古屋市中区橘2-6-22
☎052-331-2170
http://tsuyukusa.co.jp/

菱屋カレンブロッソ　東京ミッドタウン店
東京都港区赤坂9-7-4 D0314 東京ミッドタウン内
☎03-5413-0638
http://www.calenblosso.jp

Plumerias
http://homepage3.nifty.com/tonbotama/

街着屋（林屋）
岡山県倉敷市児島下の町10-392-5
☎086-473-5298
http://www.rakuten.co.jp/machigiya/

和装工芸かごや
東京都杉並区阿佐ヶ谷南3-38-22
☎03-3393-4741
http://www.rakuten.co.jp/kagoya/

浅草きもの市
大阪府大阪市阿倍野区松崎町2-8-22
☎06-6628-0235
http://www.rakuten.ne.jp/gold/asakusa1393/

awai
東京都港区六本木4-5-7
☎03-5770-6540
http://www.awai.jp/

karokaro
http://www.jingumae.jp/~karokaro/

きもの　ほの香
京都府京都市北区大北山原谷乾町112-40
http://www.rakuten.co.jp/kimonohonoka/

キモノ・モダン
http://www.kimonomodern.com
info@kimonomodern.com

きよかなきもの
http://www.kiyokana.com

久我友紀デザインオフィス
山形県山形市本町1-7-20
☎023-623-8232
http://www.kuki.bz

ゴフクヤサンドットコム　居内商店
大阪府大阪市中央区船場中3船場センタービル7号館2階
☎06-6251-6611
http://www.gofukuyasan.com/

デザイン　佐久間麻理
撮　影　寺岡みゆき
吉田季行（p16-17、p47花火、p88〜90）、
生江ゆかり（p54、56）
p29下、p46-47の祭り写真、p73、p93は
編集部他
イラスト　はやしゆうこ
モデル　田中えり子、寺坂安里、宇津井奈津子、
瀬田真弓
撮影協力　安達裕子、田中えり子

special thanks　増井敦子（ココットカフェ）、皆見伊津子

＊本書の制作にあたり、多大なご協力をいただいたショップやメーカーの皆様、撮影にご協力くださった皆様に心よりお礼申し上げます。

かんたん可愛い もめんの着物

Printed in Japan

著者　君野倫子

発行　株式会社リヨン社
〒101-0061 東京都千代田区三崎町2-18-2
電話　03-3511-8855　／　FAX　03-3511-8856
振替　00100-9-54728
発売　株式会社二見書房
印刷・製本　図書印刷

落丁・乱丁がありました場合は、おとりかえします。
定価・発行日はカバーに表示してあります。
ISBN978-4-576-09046-7